非常識な運のつかみ方

Koichi Honda
本田晃一

三笠書房

はじめに

まずは、自分の「悪感情」や「下心」と手をつなぐ

時代劇などでよく聞く「たわけもの！」というセリフ。
その本当の意味をご存じでしょうか？
もしかしたら、この本を手に取ったあなたも「たわけもの」かもしれません。

僕の師匠であり、「和製ウォーレン・バフェット」とも称された日本一の大投資家がいます。師匠は『会社四季報』に大株主として何度も名を連ねてきた人物で、いつもニコニコと温厚な方です。
ある意味、日本一運がいい方かもしれません。

その師匠が、僕の友人に**「それは、たわけがねぇ」**とおっしゃったことがありまし

た。その友人は他人のために尽くしてばかりでした。だけど人生がうまく回らない。そう、運がよくないのです。

もしかしたら、あなたにも思い当たる節があるかもしれません。

自分が疲れているのに、家族や会社、友人のためにいい顔をしてがんばりすぎている。自分をすり減らしてまで、「周囲に与えよう」「人様に尽くそう」としている。だけど報われない、運が向いてくる気配がない――。

常識的には、「周りの人に気を遣い、喜ばれるようなことをする」ことが運をよくする秘訣のひとつだと思われています。たしかにそれも重要ですが、実はとても大切なことが抜けているのです。

師匠は言いました。

「たわけとは『田を分ける』と書くよね。来年の種や、自分が食べるぶんをすべて分けてしまったら、いずれ自分が食えんようになる。それは『田分け』だがね。まずは

自分の食い扶持《ぶち》を確保せんとな」と。

そう、友人は自分を犠牲にしてまで周囲に尽くし、結果的に自分を追い詰めていたわけです。

田んぼに例えるとわかりやすいのですが、これが自分の気持ちや感情になると、途端にイメージが難しくなってしまいます。

誰かに気を遣う前に、まずは自分に気を遣う。誰かに優しくする前に、まずは自分に優しくする。

「八方美人」という言葉がありますが、周囲にいい顔をしつつ、自分に厳しい顔をしている人がいます。

まずは「自分美人」。自分で自分にいい顔をしてから八方に向く、そんな気持ちが結果として運のよさにつながります。

僕はかつて、父の仕事であるゴルフ会員権売買業を手伝い、多くの富裕層のお客様と接しました。

5000万円の会員権をキャッシュでポンと購入する方もいれば、経済的な理由で会員権を手放さざるを得なくなる方もいらっしゃいました。

うまくいった方もいらっしゃれば、一時はうまくいってもそのあとに大変な目に遭った方もいらっしゃる。

毎日多くの方々と接する中で僕が気づいたのは、**運のいい人は、必ず自分を幸せにしているということです。**

趣味のゴルフを大事にされているからかもしれませんが、自分の喜びをとても尊重されていました。その喜びをあふれさせ、あふれたぶんで相手をサポートする。自分がご機嫌なので、周りもご機嫌になっていく。

運がいい人は、自分も見ています。八方の中に、ちゃんと自分も含まれている。

この気づきが、そのあとの僕の人生でも最大のテーマとなりました。

「非常識」なくらいでちょうどいい

そのためにお勧めしたいのが「自分ファースト」という考え方。

「まずは自分を優先させましょう！」

ただ、これも正しいやり方を知らなければ、「自分を優先させるなんて申し訳ない」と罪悪感が湧いたり、「自分を優先すべきだ」と思い詰め、かえってプレッシャーになったりします。

自分を優先させるってどういうことでしょう？

自分から湧き上がってきた気持ちにすべてＯＫを出すことです。

たとえば、

「あの上司イヤだな。ゴミみたいな人だな」

「あの人、いつもラクしてずるい！」

と思うことがあったとしましょう。

しかし、「そんなこと思ってはいけない……」と、つい自分の気持ちにフタをしてしまいます。

でも、その心の声を聞いた親友ならこう言うのではないでしょうか。

「ホントそうだね。イヤな人だね。よく耐えてるよね。たまには息抜きしてもいいんじゃない?」

間違っても「そんなこと思ってはいけないよ!」なんて厳しいこと、言わないでしょう。そんなの親友じゃありませんよね。

それに比べて、自分と自分の関係って意地悪だと思いませんか? 自分で自分を大親友のように扱っている人はほとんどいないのです。

運をよくするとは、ネガティブな感情を無かったことにして取り繕うことではありません。「ツイてる」「うれしい」「恵まれてる!」などと、無理して天国言葉を口にしなくても大丈夫。

まずは、自分の「悪感情」や「下心」と手をつなぐ。

自分の中に大親友がいると、どんな場所や状況でも居心地がよくなっていきます。

自分で自分の機嫌をとる「上級者」になれます。結果として運もめぐってくる。

本書では「非常識」と少し刺激的なタイトルを掲げていますが、これは意図的なものです。目次もかなり刺激的な内容です。

長年我慢してきた自分の気持ち、すぐには変わりません。「非常識」なくらいでちょうどいい。

この本を通じて、あなたが信じていた「常識的な運のつかみ方」を変えていってください。

本田　晃一

Contents

2章 自分に甘々な人ほど成功する
――大切なのは「自分叩き」をしないこと

3章

「困った顔」をどんどん見せていく

――「大丈夫なフリ」ばかりうまくなっていないか

5章 後悔しても「未来まで悲観」しない
——うまくいかないときに、どうするか

編集協力／福島結実子（アイ・ティ・コム）
本文イラストレーション／ヤギワタル
本文ＤＴＰ／株式会社Ｓｕｎ Ｆｕｅｒｚａ

1章

感謝は「したいときだけ」で十分

「やりたくないこと」を明確にする

「ネガティブ思考」のままでいい

本書のテーマになっている「非常識な運のつかみ方」――「非常識な」という部分はいったん置いて、そもそも「運」とはいったい何でしょう。たとえば「運がいい出来事」「運がいい人」と聞いて、みなさんは、どんな状態を思い浮かべますか？

僕がつねづね思っているのは、**「運がいい」とは「自分の実力以上のことに恵まれちゃう状態」**だな、ということです。

たとえば、宝くじが当たった。

疲れているときに、混んでいる電車で、たまたま目の前の席が空いた。

どちらも「運がいい出来事」ですよね。そしてどちらも、自分の力で起こしたことではない。つまり、「自分の実力以上のことができちゃっている」わけです。

だから**「運がいい人」とは、「自分の実力以上のことに、たくさん恵まれている人」**ってことなんだと思います。

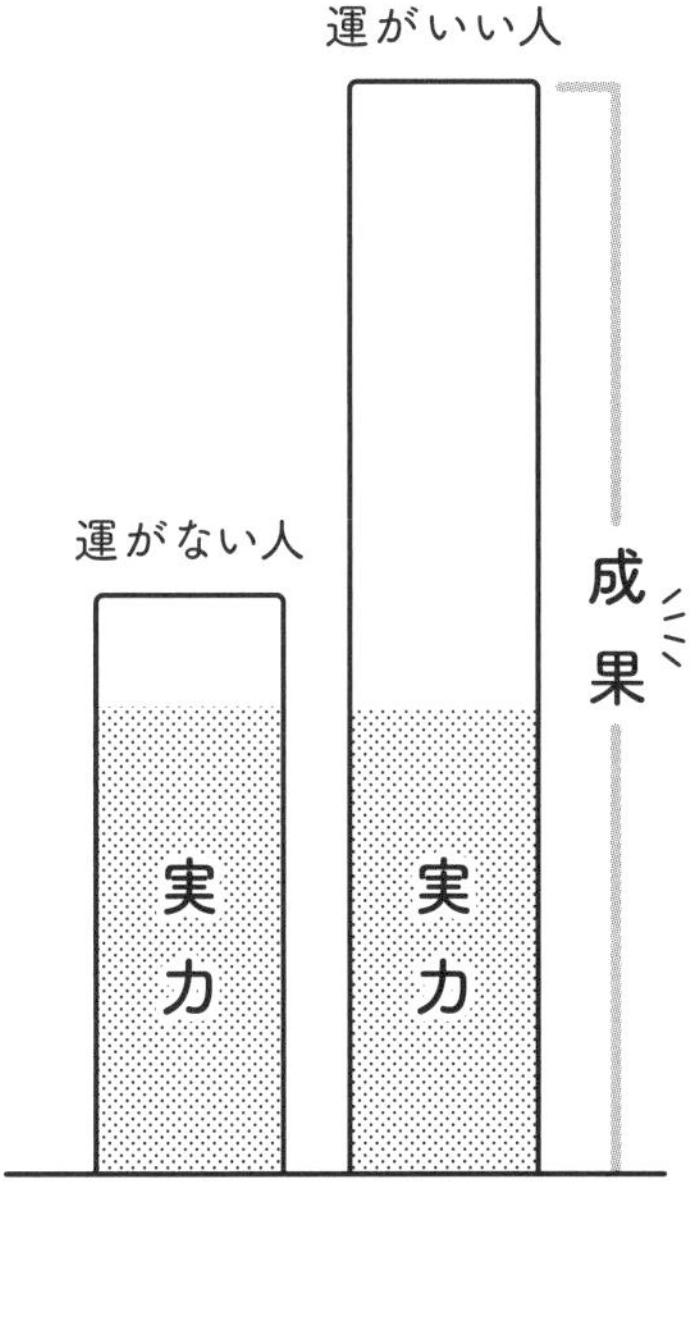

では「自分の実力以上のもの」とは何か？

先ほど挙げた「宝くじが当たる」や「たまたま目の前の席が空く」は本当に偶然のラッキーですが、「自分の実力以上のことができちゃう」というのは、それだけではありません。

「欲しいけど、自分ひとりの力では得られないもの」が手に入っちゃう。

「望んでいるけど、自分ひとりの力では叶わない」ことが実現しちゃう。

運がいい人って、こういう意味でも「自分の実力以上のこと」ができちゃうのです。


ここですごく重要なのが、「自分が欲しいもの」「自分が望んでいること」をちゃんと自分でわかっているということ。

わかっていないと、目の前に幸運が転がり込んでいても気づくことができません。

運がよくなるためには、まず自分のほうに「運を察知してキャッチするアンテナ」が立っている必要があるのです。

運がいい人は「いつもご機嫌な人」

そしてもう1つ、これから運についてお話ししていくうえで大事なことがあります。

運をつかむには、**「機嫌がいい」状態を増やすことが欠かせない**のです。

言い換えれば、**「自分で自分の機嫌をとることができる」**ということであり、さらに裏を返せば**「自分を責めない、罰しない」**ということです。

セミナーや講演など人前で話したり人生相談に乗ったりしている僕ですが、受講者の方々を見ていると、自分を叩いている人がとっても多いんですよね……。

運の正体

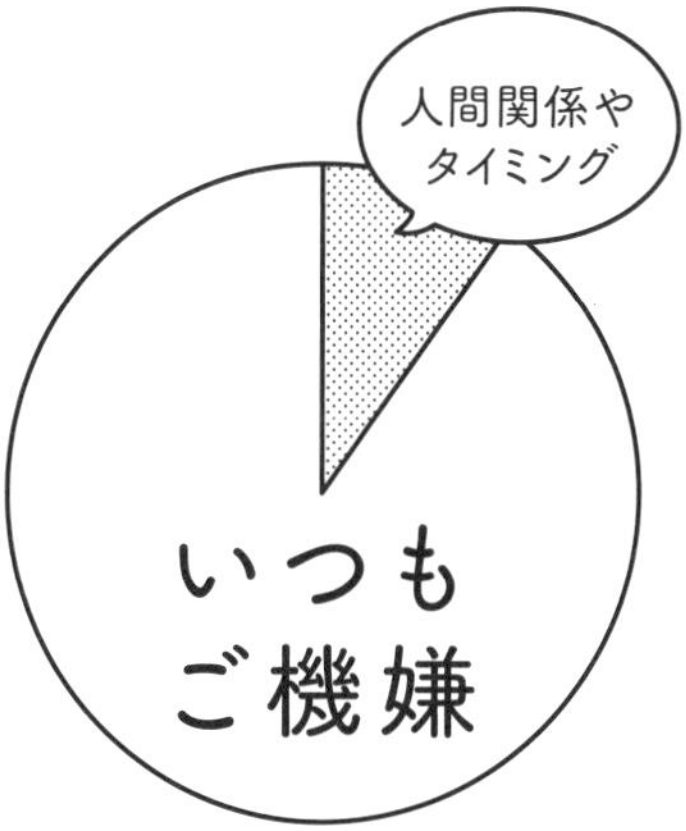

それは「苦しみのあとには喜びがある」「何かを得るためには、まず苦しまなくてはいけない」といった刷り込みがあるためなのでしょう。

でも実は、これこそ、もっとも運を下げてしまうマインドなのです。なかなか幸せをつかめないとか、成功の突破口をつかめない理由は、意外と共通して、自分を叩いてしまうマインドにあったりする。

逆に、いつも機嫌がいい人は、自分の欲や希望に対して忠実で前向きです。欲や希望を抱いていることについても、それを叶えることができていない自分自身についても、決して自分を叩いたりしません。

だからこそ幸運に恵まれていくのです。

なぜ自分叩きをしていると運が下がってしまうのか、なぜ機嫌がいいと運がよくなるのか、まだ因果関係がよくわからないかもしれません。

これから詳しくお話ししていきますね。

ポジティブ思考でマンモスは狩れない

本章ではまず、「運をつかめるマインド」になっていただくために、ありがちな思い込みを解消していきたいと思います。

ネガティブ思考はダメ。人生を切り開くにはポジティブ思考でなくてはいけない。そんなふうに思っていませんか？

でも本当は違います。なぜ断言できるかというと、僕たちは、**「ネガティブ思考**

だったからこそ生き延びてきた人々」の子孫だからです。

もし僕たちの祖先がポジティブ思考だったら、きっとマンモスを狩って食糧にして生き延びることなどできなかったでしょう。

狩りには危険がつきものだったはずです。

「ま、なんとかなるっしょ！」「よっしゃ、行くぜ！」なんてポジティブ思考だったら、あまりにも無計画&無鉄砲すぎて、マンモスを狩ることはおろか、巨大な獲物に抵抗されて命を落とす可能性が高かったはずです。

実際、それくらいポジティブ思考の人たちも存在したかもしれません。

でも、そんなコミュニティは、マンモスをつかまえられずに飢え死にするか、狩り中の不慮の事故で命を落として、子孫を残せなかったのではないでしょうか。

その代わり、堅実にマンモスをつかまえて生き延び、子孫を残すこともできたのは、**とにかく心配性で、あらゆるリスクに備えていたネガティブ思考の人々だった。**そして、その子孫の子孫の……ずっとあとの子孫として、今、僕たちが生きている。

勝手な想像に過ぎませんが、そういうことじゃないかと思うのです。

つまり、何が言いたいのかというと、**ネガティブ思考は、脈々と続く人類史の中で**

引き継がれてきた1つの自己防衛機能なのではないか、ということ。

おそらく「筋金入りのネガティブ思考」だった人々の子孫である僕らは、いわばDNAに刷り込まれた本能として、ネガティブ思考で当たり前、なのです。

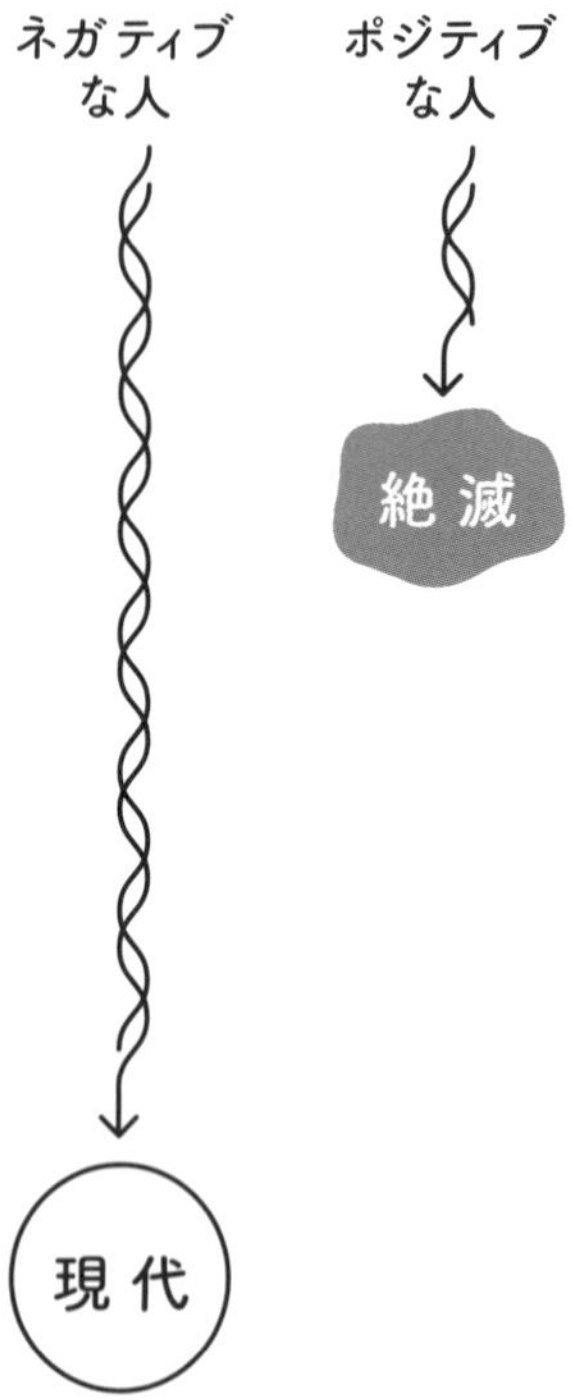

「いつもキラキラしている人」にも裏がある

ところで、僕は前項で「上機嫌な人ほど運が上がる」と言いました。それなのに、

「ネガティブ思考で当たり前」とは矛盾するように思えるかもしれません。そうですね、ここはもう少し説明が必要です。

重要なのは、**どうしてもネガティブに考えてしまう傾向がある自分自身を「それで当たり前」「それでいい」と受け入れる**ことです。ネガティブ思考の自分を「これじゃダメだ」と叩かないことが、まず大事なのです。

こうして自分を全肯定できると、そこからポジティブ転換が始まります。まるでオセロが一斉にひっくり返るみたいに。

それこそが、「自分で自分の機嫌をとる」ということ。

勘違いしがちなのですが、「いつも上機嫌な人」とは「いつもポジティブ思考の人」ではありません。ネガティブ思考を抱えながらも、そんな自分を認めることで前向きに物事を捉え、生きることができる人なのです。

みなさんの周りに、「いつも上機嫌な人」はいますか。身近にはいなくても、YouTubeやSNSで、いつも上機嫌な人を見たことならあるでしょう。傍目《はため》には常にポジティブ思考に見えるかもしれませんが、そんなはずはありません。

僕自身、「いつもご機嫌ですね」と言われることが多くて、おそらく、そう言ってくださる方は、僕のことを「常にポジティブ思考の人」と見ているのでしょう。

でも、そう見えるのは、**僕が元気なときしか配信していない**からです。僕だって、ネガティブな思考に襲われて、心がギスギスしてしまうことはあります。

みなさんが日ごろ目にしている「いつも上機嫌な人」たちだって、きっと同じ。人は自分の目に映っているものをすべてと捉えがちですが、**「いつも上機嫌に見える人」たちも、たびたび怒りや不安、悲しみなどに襲われている**はずです。彼らはネガティブ思考がないのではなく、その扱い方が上手なだけなのです。

もちろん、中には根っからの「陽キャ」の人もいるかもしれません。きっと、その人は古代に運よく生き延びた、数少ない「ポジティブ勢」の子孫でしょうね。

でも、多くの場合は、もとを辿れば、みんな「おそらくネガティブ思考だったからこそ、生き延びられた人たち」の子孫なのだと思います。その点では、みんな同じなんです。

そう思っておくと、「あの人はいつも元気なのに、自分は……」なんて落ち込むこともなくなって、ネガティブ思考に陥ったときも自分を受け入れやすくなるでしょう。

「ポジティブに考えよう」「ポジティブな言葉を使おう」とはよく言われますが、そうしようとするあまり、「ネガティブではダメ」と自分を叩くマインドになってしまっては本末転倒です。

自分を否定したまま、いくらポジティブになろうとしても、ポジティブ思考をこじらせるだけでしょう。

心配や不安、怒りや悲しみも、すべては「生き残るための叡智《えいち》」と捉えて、まずはネガティブな自分をも受け入れること。そこから本当の意味のポジティブ思考が始まり、運が上がりだすというわけです。

「いい人になる」ことではありません

運をつかむと言うと「徳」の話になることも多いでしょう。しかも陰で徳を積む「陰徳」がよし、とされています。

陰徳は「自分はこんないいことをした」と表には出さず、黙して善行を積むということ。僕もかつて、ある経営者の方から「匿名《とくめい》で寄付をしよう」とアドバイスされて以来、それが習慣になっています。

ちょっとだけ経緯を説明しておくと、こんなことがあったのです。

その方と最初に会ったのは、まだ僕が20代だったころです。成功したくて、率直に「僕も成功したいんですけど、まず何をしたらいいですか？」と聞くと、「寄付」を勧められました。

お金は天下の回りもの。そして人は誰しも、数えきれないくらいの他者のおかげで生かされている。だから、今、自分の手元にあるお金の一部を世の中に回して、他者から受けた恩を他者に送ろう、と。

その日はちょうど給料日のあとで、僕の財布には3万円が入っていました。

「そのうち『なくなったら痛い額』はどれくらい?」と聞かれたので、「うーん、1万円くらいでしょうか」と答えると、「よし、じゃあ、その1万円を、今日の帰り道に寄付しよう」とのこと。

「陰徳」を積もうとして失敗した経験

当時の僕にとって、まとめて1万円を寄付するなんてかなり勇気のいることです。

「マジか……」と思いながらも、言われたとおりに寄付することにしました。

でも、ただ寄付するだけではつまらない。

貴重な1万円を寄付するところを、「せっかくなら、かわいい女の子にでも見ていてほしい……」なんて、当時はまだ若かったのです(笑)。

そこで僕は、好みの女の子が働いているコンビニのレジ脇にある募金箱に、その1万円を入れようと心に決めました。

コンビニに入り、缶コーヒーを手に取り、会計待ちの列に並びます。

僕の番がきました。平静を装って代金を払い、お釣りを受け取って、「よし今だ！」と1万円を募金箱に入れようとした、そのとき。

「ピーーー」

レジ奥のレンジが鳴って、その子は、僕の前の人が買ったお弁当か何かをレンジから取り出すために、クルリと後ろを向いてしまったのです。

がーん。1万円札を手に一瞬固まってしまったのですが、ふと気づくと、隣のレジを操作していた男性の店員さんが僕に気づき、「うわ、この人、1万円を募金箱に……!?」みたいなびっくりした顔で見ています。

そうなると今さら引っ込めるわけにもいかず、予定どおり1万円札を募金箱に入れてコンビニをあとにしました。

「くそー、本当なら、あの子の目の前で1万円を寄付して、『きゃ、この人、すごい！』って思ってもらえるはずだったのにー」なんて思いながら。

レジの子に見てもらえなかったのは本当に残念でしたが、1万円を寄付したことには変わりありません。「よし、これできっといいことがあるだろう」と思っていました。**でも、特に何も起こりません。**

仕事で大きな案件が決まって、当時働いていた、父の会社がめちゃくちゃ儲かるんじゃないか。はたまた、どこかの大富豪の娘さんに見初められて「逆玉《ぎゃくたま》の輿《こし》」に乗れるかもしれない、なんて期待していたのに。

悶々《もんもん》としながら1～2週間が経《た》ったころだったでしょうか。寄付を勧めてくれた方にふたたびお会いする機会がありました。

「言われたとおり1万円を寄付しました。でも、何もいいことなんて起こらないんですけど?」

コンビニでの顛末《てんまつ》も含めて不満をぶつけると、そこで言われたのです。

「いいことが起こるなんて、僕は、ひとことも言ってないよ。アドバイスどおりにやってみたという素直さは素晴らしい。ただ、君は人に認められたくて寄付したよね。寄付というのは粋《いき》にやらなくちゃいけない。自分が寄付したとわからないようにやらなくちゃ、粋じゃないね」

そんなことを言われても、若い僕はまだ納得がいきません。重ねて尋ねました。

「それをしたら、何かあるんですか？」

その方は「やりつづければわかる」みたいなことをおっしゃるだけで、結局、明確な答えをくれませんでした。

ただ、「寄付は粋にやるもんだ」という言葉が妙に心に残って、以来、月に1回、1万円を、いろんな慈善団体の口座に寄付することにしたのです。

銀行で振り込むときは、振込人の名義を自由に設定できます。本当は自分の名前で振り込みたい気持ちをぐっと堪《こら》えて、「名無しの権兵衛」「山田太郎」など適当な名前で寄付を続けました。


あの方がおっしゃっていた「やり続ければわかる」という言葉の意味がわかるまでに、それほど時間はかかりませんでした。

まず起こった変化は「人より秀でていたい」「他者を出し抜きたい」といった闘争心が消えたこと。毎月、寄付をしていると「あげるよ」というマインドに変わるようで、「できる限り自分が手にしたい」という独占欲がどんどん低くなっていきました。

あと、寄付を通じて、**「自分が世の中の誰かの役に立っている」と感じられるようになった**のも大きな変化でした。

税金ですらも、以前は納税額を見るたびに苦々しい思いしかなかったのに、「税金は互助のため。このお金が、どこかで誰かの役に立ってるんだよね」と思えるようになったほどです。

さらには、「世の中は、持ちつ持たれつの助け合いで成り立っており、自分が困ったときにも、きっと誰かが助けてくれる」と信じられるようになりました。

こうして訪れたのが、それまでに感じたことのないような心の平穏です。

明らかに自己肯定感が上がり、世の中を、周りの人たちを受け入れ、信じる気持ちになれました。

いわば僕が「強運体質」に変わったきっかけがあるとしたら、このマインド面での変化は、間違いなくその1つです。

まさに巨大なきっかけでした。

いいことをしたら「自分褒め」をする

善行は人知れず積む。そうはいっても、誰にでも多かれ少なかれ「承認欲求」がありますから、いいことをしたら人に知ってもらいたいと思うものでしょう。

よい行いをしたら褒められたい。いい気分になりたい。僕自身、いまだにそういうところがあるので、よくわかります。

そこで僕が意識しているのが、**「よい行いをした自分を褒める」**ことなのです。

他者に承認されなくては承認欲求は満たされないというのは、僕の経験上、思い込みです。

人は「自分自身」に一番認められたいものなのかもしれません。その証拠に、自分で自分を褒めると、不思議なくらい承認欲求が小さくなっていきます。

それに、他者の意識はコントロールできないので、他者からの承認は、きわめて不確定かつ不安定なものです。一方、自分なら自分のことを承認し放題。これこそ、自己承認欲求を満たす最強の方法というわけです。

承認欲求の正体

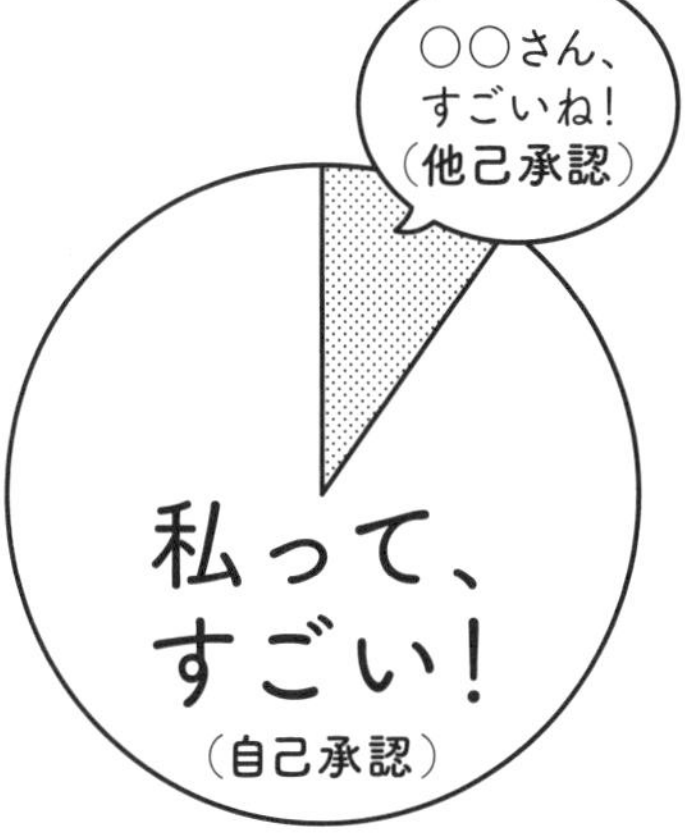
○○さん、
すごいね！
（他己承認）
私って、
すごい！
（自己承認）

　また、よい行いが習慣になると、それが当たり前になりすぎて（当たり前になるくらい習慣化できるのは素晴らしいことだと思いますが）、「人の役に立っている実感」が薄れていく可能性があります。

　前項でお話ししたように、「人の役に立っている」という実感が、自己肯定感や周りの人たちへの信頼につながり、やがては強運体質につながっていきます。

　そう考えても、強運体質の起点といえる「人の役に立っている」感が薄れてしまうのは避けたいところ。その意味でも、自分のよい行いを自分でしっかり味わうことには意味があるといっていいでしょう。

あくまでも、自分の中で「いいことしたな」「誰かの役に立てたな」「よくやったぞ。自分、グッジョブ！」と善行を味わい、褒めるだけ。すると世間や周りの人に、ことさらにアピールしなくても、心が満たされるのを感じるはずです。

「すべてに感謝」できなくてもいい

常に「感謝」を忘れないこと。そして日ごろ言葉にして伝えることが、運につながるのは間違いありません。

「ありがとう」を口グセにしようというのは、日本一の投資家であり、僕の人生の師でもある竹田和平《わへい》さんが、つねづねおっしゃっていたことでもあります（本書の冒頭でお話しした大投資家は和平さんのことです）。

ただ、これが「言うは易《やす》し」で、なかなか難しいと感じる人もいるかもしれません。

行動は意識から生まれますが、まず行動を変えると、それに意識が伴ってくることもあります。まず「ありがとう」と口に出していると、いかに「ありがとう」と言える対象が多いかに気づき、自然と常に感謝できるようになるでしょう。

もう1つ、ぜひおすすめしたいのが、**身のまわりにあるものたちを、ただ「ある、ある、ある」と確認していく**ことです。「あることに感謝しなくちゃ」と思う必要はなく、ただ、「あること」を確かめていくだけです。


たとえば、今、とあるカフェにいる僕の周りには、パソコン、紅茶の入ったティーカップ、お水のグラス、スマートフォンなどがあります。さらに見渡してみると、壁の棚にズラリと並んだ紅茶の缶や、調和のとれたお店のインテリアが目に入ります。

ふと自分の前のテーブルに目を移すと、木目の色合いなどがインテリアに合わせてあることに気づきました。

これらを1つひとつ、「パソコンがある、ティーカップがある、グラスがある、スマホがある、調和のとれたインテリアがある、インテリアに合わせたテーブルがある……」と確認してみました。

これだけで、もう、言いようのない感謝の念があふれてきます。

今、確認したものたちの中に、僕の力で生み出せるものは1つもありません。

そう思うと、すべてのものが「ある」ことが奇跡的に思えてきます。まさに「有《あ》り難《がた》い」ことであり、感謝せずにはいられなくなるのです。

これは僕のオリジナルではなく、友人で書道家の武田双雲《そううん》君が教えてくれた方法です。

双雲君によると、強いて感謝しようと思わなくても、思い立ったときに周りにあるものたちを「ある、ある、ある」と確認しているうちに、自然と感謝の念が湧き上がってくるというのです。

僕は、すでに和平さんから「ありがとう」のすごい力を教わってきており、双雲君の「ある、ある、ある」法も、数年前に教えてもらってから、たびたび実践しています。それだけ感謝の念が湧き上がりやすくなっているとは思います。

それでも、この「ある、ある、ある」法が効果絶大なのは間違いないので、特に「急にすべてに感謝なんてできない」と思っている人は、ぜひ、今日から取り入れてみてください。

何事も練習によって上達させることができます。

「感謝すること」も例外ではありません。

人によっては少し時間がかかるかもしれませんが、「ある、ある、ある」法を練習していれば、遅かれ早かれ、先ほど僕が体験したような「感謝の湧き上がり」を感じられる日がくるでしょう。

運をつかむ「非常識」なマインドセット法

トイレは毎日掃除する。

玄関のたたきには靴をいっさい置かない。

断捨離して「気」の通りをよくする。

などなど、風水など東洋の思想に根ざした開運術を耳にしたことがある人も多いかと思います。僕自身は、もともと片付けも掃除もあまり得意ではないので、すべて実践しているという人がいたら、心の底から尊敬します……。

ただ、その一方で、「風水でこう言われているから」ということにとらわれて、**強迫観念のようになってしまっているのなら、そんなに無理して実践しなくていいん**じゃないかな、とも思うのです。

僕の考える運のつかみ方のベースには、とにかく**「自分を叩かないこと」「自分を丸ごと受け入れること」「いつも機嫌がいいこと」**があります。おそらく、ここまで読んでくださった方には、すでに伝わっているでしょう。

そもそも、占い師でもなければ風水師でもない僕が、なぜ急に「運」についてお話ししているのか。

一番のきっかけは、出版社の方に「本田さんは、いつも運がいいですよね。どうしたら、そんなふうになれるんでしょうか?」と聞かれたことでした。

そこで改めて、なんか知らないけど、いろんなご縁やチャンスに恵まれてきた僕自身や周りの人たち、僕にさまざまな教えを授けてくれた人たちのことを振り返ってみたら、僕なりの運のつかみ方をお伝えできるかもしれないと思ったのです。

では、その一番のキモとなるものは何か。そう考えてみたときに行き着いたのが、**「自分を叩かないこと」「自分を丸ごと受け入れること」「いつも機嫌がいいこと」**でした。

そこを出発点としているため、おそらく一般的・伝統的な開運術とは違うところがたくさんあります。本書の担当編集者さんが「非常識な」と銘打ってくれたのも、そういうところに理由があるのでしょう。

話がだいぶズレてしまいましたね。

風水など東洋の思想に根ざした開運術も、ハマる人にとっては最良の開運術となるに違いありません。

ハマるとは、「それをしているときにワクワクや幸せを感じる」ということです。

自分で自分の機嫌をとる方法の1つになる、ということですね。

トイレを毎日掃除すること、玄関のたたきに靴をいっさい置かないようにすること、断捨離することなどにワクワクや幸せを感じられるのなら、ぜひ続けてください。

でも先ほども述べたとおり、**それが自分を苦しめたり、あろうことか「ちゃんと実践できない自分はダメだ」と自分を叩くことにつながったりしているようなら、いったん、そのとらわれから自分を解放してあげる**のも手でしょう。

自分が「パワースポット」になろう

パワースポットをめぐるのも、基本的には前項の開運習慣と同じ。心から楽しめるのであれば、どんどん行くといいと思います。

パワースポットめぐりが本当に好きな人は、きっと計画を立てているときからワクワクしているのでしょう。道中も、そしてもちろんパワースポットにいる間も、帰りの道中ですらも、ずっとワクワクしているはずです。

その気持ち、僕にもめちゃめちゃ覚えがあります。

自転車とボートが大好きな僕は、どこかに走りに行く計画を立てて自転車の手入れをしているときや、航海の計画を立ててマリーナで船の点検をしているときからワクワクです。

行きの道中は、その日のサイクリングや航海を想像してワクワク。サイクリング中や航海中は、もちろんワクワク。そして帰りの道中も、その日のサイクリングや航海を思い返してワクワク。ずっとワクワクしっぱなしです。

そう考えてみると、**より重要なのは「世間的なパワースポットに行く」ことではなく、「自分にとってのパワースポットがどこかを知る」**ことだと思い当たりました。

この考え方がすごいのは、自分がいつもいる場所でさえパワースポットに変えてしまえること。家で機嫌よく過ごしていれば家がパワースポットになり、会社で機嫌よく過ごしていれば会社がパワースポットになってしまいます。

自分がいる場所をパワースポットに変えるために、好きな画家の絵や好きな外国の写真など、見ているだけでワクワクできるものを飾ったりするのもいいですね。

僕は花が好きで、暇さえあれば自宅で庭いじりを楽しんでいます。

土に触れているだけで、心身が癒やされるのです。パンジー、ビオラ、ニチニチソウ……季節ごとに花を植え替えたり、お手製の給水システムを整備したり。すべて僕にとってはワクワクすることであり、最良の息抜き法になっているのです。

僕が庭いじりを楽しむことも、きっと我が家をパワースポットに変えることにつながっているんだろうなと思います。

大切なのは、「どうしたら運をつかめるか」を考えるよりも、やはり「どうしたら自分は機嫌よくいられるのか」を考えること。

世間で「これをすると運が上がる」と言われていることへの義務感で自分を縛るくらいなら、「自分が喜ぶこと」をするのが一番の開運法といっていいでしょう。

その「自分が喜ぶこと」が、「風水などの開運習慣の実践」という人もいれば「パワースポットめぐり」という人もいるだろうし、僕のように「自転車やボート、庭いじり」という人もいる。それがいいと思うのです。

場所に左右されずご機嫌でいられる人は、もはや自分自身がパワースポットです。自分がワクワクできることをすればするほど、「歩くパワースポット」となって周囲を照らすことができる。自分だけでなく、その場に一緒にいる人の運までも上げることができるでしょう。

節約するくらいなら「本当に欲しいもの」を買う

日ごろのお金の使い方によって、お金のめぐり方も変わってきます。金運は日ごろのお金の使い方次第、といっていいでしょう。

ただし、節約すれば金運が上がるかというと、実はそういうわけでもない。むしろ**「節約、節約」で自分に我慢させることがクセになっているほうが、お金と縁遠くなってしまう**といってもいいくらいなのです。

よく、ドラマのセットでは「裕福な家にはモノを極力少なく置き、裕福でない家にはごちゃごちゃとモノを置く」といわれますよね。現実でもそういうものだから、ドラマのセットでも倣《なら》っているわけです。

裕福な家は広くて収納スペースもふんだんにあるから、モノが少なく見えるだけだ、という見方もあるでしょう。

たしかにそれも多少は関係しているかもしれませんが、一番の理由は違います。お金持ちは、そもそもモノをそれほど多く持たない。だから家もごちゃごちゃしていないのです。

お金はたっぷりあるのに、どうしてモノを多く持たないのでしょう。もちろん我慢しているのではなくて、**お金持ちは、「多少、値が張っても本当に欲しいもの」だけを買っているから**です。

本当に欲しいもので心が満たされると、もう「あれも欲しい、これも欲しい」とは思いません。こうして物欲が限りなく小さくなった結果として、モノを多く持たずに済んでいるというのが、お金持ちの真相でしょう。

ここで冒頭の話に戻りましょう。

「節約、節約」で自分を我慢させるクセがあると、お金と縁遠くなってしまう。なるべくお金を使わないようにしているのに、それだと金運が上がらないとは、いったいどういうわけでしょうか。

なぜなら、節約を心がけている人は、ある落とし穴に陥りがちだから。

答えを言ってしまうと、節約を心がけるあまり、**本当に欲しいものではなく、中途半端に欲しいものを買うことで、むしろ物欲が収まらず、結局は浪費してしまいがちなのです。**

たとえば、「バーゲンで半額」「おトクなまとめ買い」——こういった謳《うた》い文句を見ると、つい買ってしまっていませんか。あまり吟味《ぎんみ》もせずに通販で適当に買うことはありませんか。

あるいはアウトレットモールに行くと、すべてが定価よりかなり安く売られている点に目を奪われ、「着られなくはないが、サイズがぴったりでないもの」や「嫌いではないが、好きでもないカラーのもの」を買いはしていないでしょうか（ちなみに、これはかつての僕がやっていたことです）。

これらの問題は「本当に欲しいもの」ではない場合が多い、という点です。

せっかく自分の大事なお金を払って手に入れたものでも、それを心から愛することができなければ、次から次へと欲しくなるのが人間の心理です。

本当に欲しいものを自分に我慢させ、その代わりに中途半端なものを買うことが、新たな物欲を生んでしまうわけですね。

　こうして延々と抜け出せない「物欲ループ」にはまってしまうことこそ、知らないうちに金運を下げてしまうマインドといっていいでしょう。中途半端に物欲を満たしても、運を上げる必須条件である「上機嫌」にはなれないからです。


　また、節約という我慢を自分に強いていると、どこかにタイミングで、その反動が起こりかねません。

　過度なダイエットで食べることを我慢していると、その反動で食欲が爆発し、食べすぎてしまうタイミングが訪れるものです。

　それと同じく、過度な倹約でお金を使うことを我慢していると、どこかで物欲が爆発して買いすぎてしまったり、さらには、不思議なことに臨時の大出費に見舞われたりする場合があるのです。

　こうした事態に陥らないためにも、節約志向には要注意。

「お金を使うこと」自体を忌避《きひ》するのではなく、せっかく自分のところに回ってきてくれたお金を、自分が心から愛せるものに使うことで、世の中に回すんだと考えてみてください。

よく「お金を大事にしましょう」と言いますが、僕の考えでは、それは「お金をなるべく使わないようにすること」ではありません。

「お金を大事にする」とは、「お金を大切に使わせていただく」ということであり、それはすでに述べたように「自分が本当に愛せるものに使う」ことなのです。

無駄遣いしても大丈夫

さて、ここで、ちょっと身のまわりを見渡してみてください。

本当に欲しくて買ったものに囲まれているのなら言うことなしですが、おそらく、ほとんどの人が「あちゃー！」と思うはずです。大して欲しくもないものを買っていたな、吟味せずに適当に買って済ませていたな、と。

でも、それでいいんです。**「こういうものには自分はときめかないんだな」と、今、気づけたことが大事**なのですから。

そうしたら次のステップとして、「本当に欲しいもの」を買いましょう。

「ときめかないもの」がわかれば、「ときめくもの」を見つけやすくもなるはずです。だから、ときめかないものを買っていたことは、決して無駄ではありません。

自分の望むものが最初から100パーセントわかっている人のほうが稀《まれ》でしょうから、これをよき出発点として自分の「コンシェルジュ」となり、ときめくものを探し当てていけばいいのです。

ディズニーランドのアトラクションだって、乗ってみないと好きかどうかわかりませんよね。

たとえば、「ホーンテッドマンション」に乗ってみたら、あまり好きじゃなかった。ということは、自分は暗い屋内を走るおどろおどろしいアトラクションよりも、屋外を走り抜ける爽快《そうかい》・痛快なアトラクションのほうが好きなのかも。じゃあ、次は「ビッグサンダーマウンテン」に乗ってみよう。

このように「こういうアトラクションは好きじゃない」を通して、「こういうアトラクションが好きなのかも」が見えてくる。経験が選択の精度を上げてくれるわけです。

それとまったく同じで、「ときめかないもの」を買った経験によって、「ときめくもの」を選ぶ精度を上げていきましょう。

見ているだけで心が躍る。ワクワクする。心がときめく。

そんな「本当に欲しいもの」が、多少、値が張る場合もあるかもしれません。それでも自分の可能な範囲で、ちょっとがんばって手に入れたら、ずっと幸せです。それを目にするたびワクワクしちゃいます。

この時点で、すでに十分に満たされているし、永遠に十分に満たされつづけるので、新たに満たす必要はありません。

つまり新たな物欲が起こりづらくなる。また、この時点ですでに節約志向ではなくなっているので、反動として大きな出費にも見舞われづらくなるはずです。

結果として、お金を浪費しなくなり、「すでに満たされている」という上機嫌の状態で運が上がることにつながるでしょう。金運を上げるのは「節約」ではなく、「自分の心に忠実な買い物をすること」だったというわけです。

浪費グセのある人ほど贅沢したほうがいい

物欲が止まらず浪費グセがある人は、節約の反動かもしれないとお話ししました。

それとは別に、もう1つ可能性があります。ひょっとしたら、もともと「自分を叩くクセ」が強いことに原因があるかもしれません。

浪費してお金がない状態って苦しいですよね。度を越したら生活すら立ち行かなくなりかねない。自分を叩くために、そういう困った状況に強いて自分を追い込んでいる可能性があるのです。

ですから、もし、どうしても物欲が収まらない、浪費してしまうという人がいたら、人一倍、自分を全肯定し、労《ねぎら》うことを意識してほしいと思います。

あなたが自分を叩かなくてはいけない理由は、どこにもありません。

そもそも毎日、生活しているだけで、すごいことなんです。

そんな自分へのご褒美として、まずは少し贅沢《ぜいたく》してみませんか。

たとえば憧れの高級ホテルのラウンジで、ゆったりコーヒーを飲んでみるのはどうでしょう。ちょっと奮発して、行ってみたかったレストランで食事をするのもいいかもしれません。

これは浪費とはまったく違います。

浪費には一時の興奮はあっても、ときめきがありません。むやみにお金を費やすのではなく、なんでもいいから、できる範囲で「自分がときめくこと」を自分にプレゼントする。本当に心満たされるお金の使い方をしてあげてください。

こうして自分を満たし、引き換えに叩くクセが抜けるにつれて、浪費グセも収まっていくはずです。

あとに起こることは、前に述べたのと同じ。自分にときめきをプレゼントすることで心が満たされる。満たされつづける。そんな上機嫌の状態が続けば続くほど、どんどん運がよくなっちゃいます。

2章

自分に甘々な人ほど成功する

大切なのは「自分叩き」をしないこと

「自信」や「実力」は成功の条件ではない

仕事を任されたものの、自分の実力が追いついていない気がする。自信がなくて、プレッシャーに押し潰されそうな心境になることは、誰にでもあると思います。

僕の場合は、2冊目の本を書いたときがそうでした。

ベストセラー作家の本田健《けん》さんに「こーちゃんも、そろそろ竹田和平さんの本を書こうよ」と言われて、紹介されたのは出版社の社長さんでした。そこからトントン拍子に話は進んで、書くことになったテーマは「竹田和平さんに教わったこと」。

本を出せるというお話は本当にありがたく、うれしいことでした。でも、いざ書く段になってくると、「僕なんかに本当に書けるのか？」という不安がどんどん大きくなっていきました。

何しろ、まだ1冊しか本を書いたことがないぺーぺーの新人が、ベストセラー作家のお膳立《ぜんだ》てで、出版社の社長さん自ら担当編集者になってもらって、「日本一の投資家」について書くわけです。

僕がびびり倒したのも無理はないでしょう。**たとえて言うならば、「王《おう》選手と長嶋《ながしま》選手に野球を教わっておいて、空振り三振なんかできない！」みたいな心境**でした。

「今の自分で十分できる」と信じる

そこで僕は何人かの友人に助けを求めたのですが、ベストセラー作家のひすいこたろうさんから教わったエピソードを紹介します。

ちょうどそのころ、ひすいさんは、動物写真家の方が撮ったシロクマの写真に文章をつけるという本を執筆中でした。

極寒の北極でシロクマを撮る。想像しただけで命懸けです。そんなすごい写真に文章をつけるとは、どれほどのプレッシャーだろうか……。そんな僕の思いをよそに、ひすいさんはめちゃくちゃ目をキラキラさせて、その本のことを話しています。

僕は、プレッシャーを克服するヒントをもらいたい一心で聞きました。

「写真家が命懸けで撮った写真だから、こっちも命懸けで書かなくちゃとか、写真にふさわしい原稿になっているだろうか、みたいなプレッシャーはないのですか？」

するとひすいさんは、こうおっしゃったのです。

「出版社の方が僕の実力で十分できると思ってくださったから、依頼してもらえたと思っているので、僕は背伸びせずに、楽しんで書けばいいと思うんです」

すごい、さすがだ……と思うと同時に、するすると気が楽になるのを感じました。

ひすいさんの話を自分に当てはめると、健さんが本を書くことを勧めてくれたのも、出版社の社長さんが「和平さんに教わったこと」というテーマで企画を通してくれたのも、僕の実力で十分できると思ってくれたから、ということになります。

現金なものですが、ひすいさんのひとことで、「じゃあ、僕も楽しんで書こう」と素直に思えたのです。

そこから実際に原稿を書き上げるまでには、さらに、ひと山もふた山も越えることになります。でも、自信がなくてプレッシャーに押し潰されそうになることは、もうありませんでした。

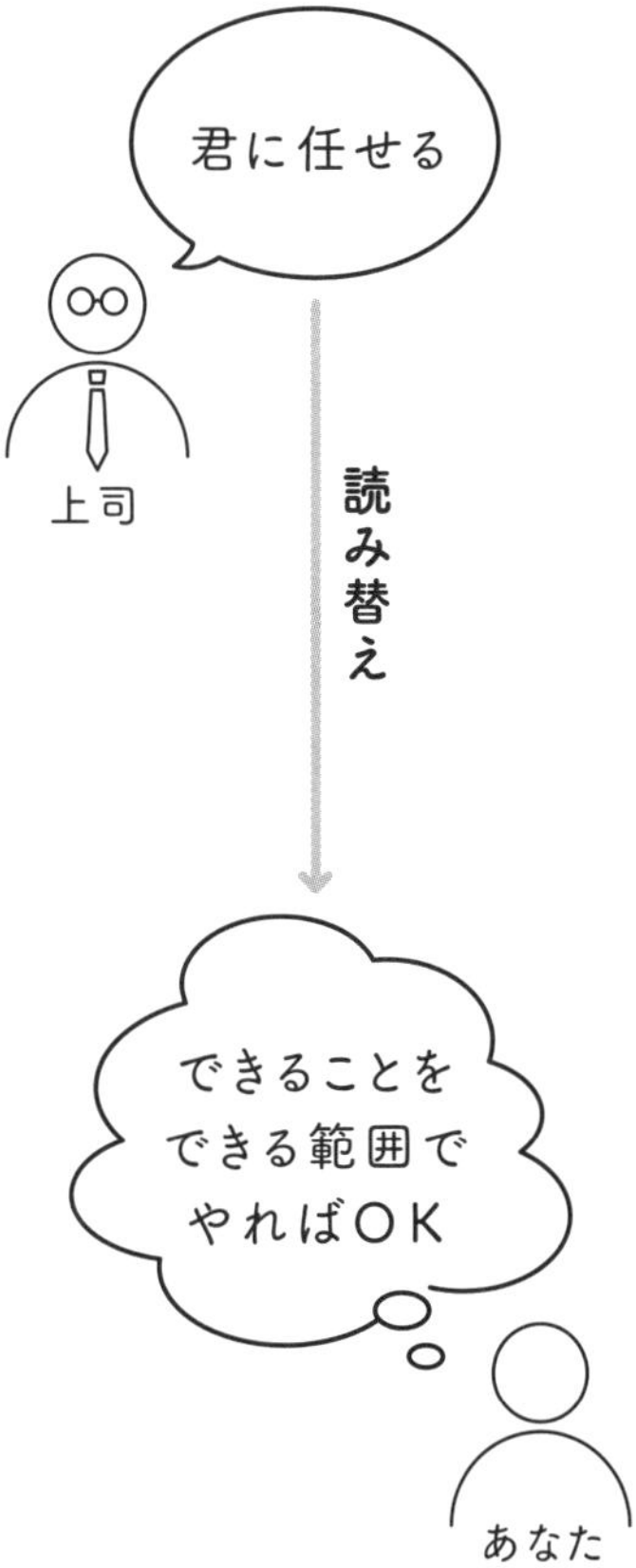

ただでさえ自信がないときやプレッシャーを感じているときに、自分を追い込むのは、かえって逆効果になる場合が多いと思います。

まず「できる」と思えるように心を整える。自分を鼓舞《こぶ》するのは、それからでいいでしょう。

こう言っては言葉が悪いかもしれませんが、仕事を任せるほうだってビジネスです。この点では依頼主も上司も変わりません。そもそも「この人には、できない」と思っている相手に仕事を任せるはずがないのです。

だから自分としては、**「できると自分を信じてくれた相手」を信じ、「できると相手に信じてもらえた自分自身」を信じて、あとは楽しんで取り組むだけ。**

みなさんも、任された仕事をやりきる自信がないとき、プレッシャーに負けそうで身動きが取れなくなったときには、ぜひ、そう考えてみてください。

僕自身がそうだったように、スーッと気が楽になるでしょう。プレッシャーでカチコチに凝り固まっていた心もほぐれて、それまで身動きできなくなっていた自分をぐんと前進させることができるに違いありません。

身につけるべきは「助けを求める素直さ」

一般的には、「自分に自信のある人」のほうが、どんどんいろんな運に恵まれていくというイメージが強いかもしれません。自信がないと、すべてのことに消極的なためにチャンスを逃してしまう。そんなイメージもありませんか。

でも「自信がない」というのも、実は、まったく悪いことではないのです。

僕の経験上、自信がない人ほど運をつかめない、なんてこともありません。

たとえば、大きな仕事を任されたとします。

自分本来の力を発揮して仕事をやりきるには、前にもお話ししたように、「できると信じてくれたから、任せてもらえたんだ」と意識するといいのですが、かといって自信満々で進めていると、思わぬところで足をすくわれかねません。

向こう見ずな自信は慢心《まんしん》につながり、自分の足りないところや落ち度が見えなくなりがちだからです。

その行き着く先は何でしょうか。

本当は助けが必要な局面でも「自分ならできる」と信じ込んで、一人で抱え込んだ挙げ句に、最後の最後に「やっぱり、できませんでした」となって周囲に迷惑をかけることになるかもしれません。

あるいは自信満々でやりきったところで、仕事を任せてくれた人のお眼鏡にまったく叶わない仕上がりになっているかもしれません。

一度そういうことがあると、周囲の信頼を失い、次のチャンスに恵まれにくくなる恐れもあります。

どれも、「自信のない人」には起こらないことです。

自信がない人は常に「これで大丈夫だろうか……」と思っているので、助けが必要な局面、局面で、適切な人にアドバイスやサポートを求めることができます。

自信がないからこそ、慎重に物事を進めることができるし、他力を巻き込むこともできるといっていいでしょう。

もし、それができていないのなら、**身に付けるべきは「自信」ではなく、困ったときや迷ったときに他力を頼れる「素直さ」**だと思います。

つまり、「自信」は運をつかむ必須条件ではない。素直でさえあれば、自信がない自分のままで運をつかむことだって十分可能なのです。

ネガティブ発進のほうが、結果、うまくいく

新しい仕組みを試すときや、新しいプロジェクトを始めるとき、僕は必ず「心の避難訓練」というのをします。ひとことで言えば、「ダメだったときのシミュレーション」をしておくのです。

せっかく始めたことがうまくいかなかったら、誰だって落ち込みます。落ち込むだけで済めばまだしも、最初に「なんとかなるでしょ！」なんて無計画&無鉄砲にリソースを割いてしまったことで、あっという間に困窮《こんきゅう》する可能性だってゼロではありません。

だから最初に**「ダメだった場合、致命的になる前に引き返せるタイミングはどこか」「ダメだったら、そのあと、どうするか」をひととおり考え、メンタル的にも現実的にも備えておく**わけです。

何も考えずに始めたことが、うまくいってしまうケースもあるとは思いますが、それは単なるまぐれです。

そんな「運の神様の気まぐれ」に頼るよりは、いったんネガティブな想定をして備えたほうが、確実に実力以上の結果につながるでしょう。

たとえば、カフェを始めたいとします。

駅前の人通りが多い立地など、いくら好条件がそろっていても、必ず成功できる保証はありません。店を出した直後、すぐ隣にカフェができて、当初の計算が狂ってしまう可能性もあります。

そうなってから慌てふためいても、いたずらに時間が過ぎるだけで、何もいい方向には運びません。

想定外のことが山盛り起こるのが人生です。

すべてを想定することなどできませんが、それでも、できるだけいろんなことを事前に想定しておくことで、想定外に対する耐性も強くなります。

だから、最初にネガティブな想定をして、対策を考えておく。

運のいい人たち
もし
失敗したら…
お客さんが
こなかったら…
撤退の
タイミングは…

などなど。

成功するには底抜けに明るいほうがいいと思われている節がありますが、はたしてどうでしょうか。

想定外のことが起こったときに、本当に底抜けに明るいだけだったら、それこそ底が抜けて落っこちてしまうでしょう。

挑戦することに後ろ向きになってほしくはないのですが、かといって「成功本を読んだからうまくいく！」「『叶いました』と思っていれば本当に叶う！」だけでうまくいくほど、現実は甘くはありません。

やはり、ただの無計画・無鉄砲というエセのポジティブ思考で運が下がることはあっても、ネガティブ思考で運が下がることはないのです。むしろ最初は「ネガティブ発進」のほうが、確実に運をつかめるでしょう。

成功は苦労とセットではない

今まで、いろんな成功者の方とお話ししてきて、1つ気づいたことがあります。

最初は苦労話をするのですが、どんどん話を伺っているうちに、「実はそんなに苦労してないんだよね」と本当のところを明かしてくれる人が多いのです。

それなのに、なぜ苦労話をするかといったら、世間的に好印象だから。妬《ねた》み嫉《そね》みを回避するため、という意味合いも大きいようです。

特に日本人の間で根強い傾向なのかもしれませんが、「さんざん苦労した末に成功した人の話」、みんな好きですよね。「成功は苦労とセットである」という刷り込みが、まだまだ強い気がします。

そこに「めちゃくちゃラクして、楽しんで成功しちゃいました～！」みたいな人が現れると、「なんだこいつ、ラクして成功しやがって！　そんなのただの運じゃないか」みたいな憎しみを向けられる恐れがある。

それを回避するために、あえて数少ない苦労話を引っ張り出してきて披露する、ということのようなのです。

そう聞いて以来、僕は、**成功者の方の苦労話のあとに成功の秘訣を聞いたときに、「苦労した」と「うまくいった」を結び付けずに受け取る**ようにしました。

みなさんも、「成功は苦労とセットである」と思い込んでいませんか。

でも周りの成功者の人たちは、意外とそうでもないかもしれません。

ですから、僕がそうしたように、まず相手の「苦労した話」と「うまくいった」を切り離して考えるといいでしょう。

少し相手の話を深掘りしたら、「本当はあまり苦労なんてしていなくて、楽しんでいるうちにうまくいっちゃった」と明かしてくれる可能性もあります。

そうなったら、それこそ全力で仲良くなりに行くといいでしょう。

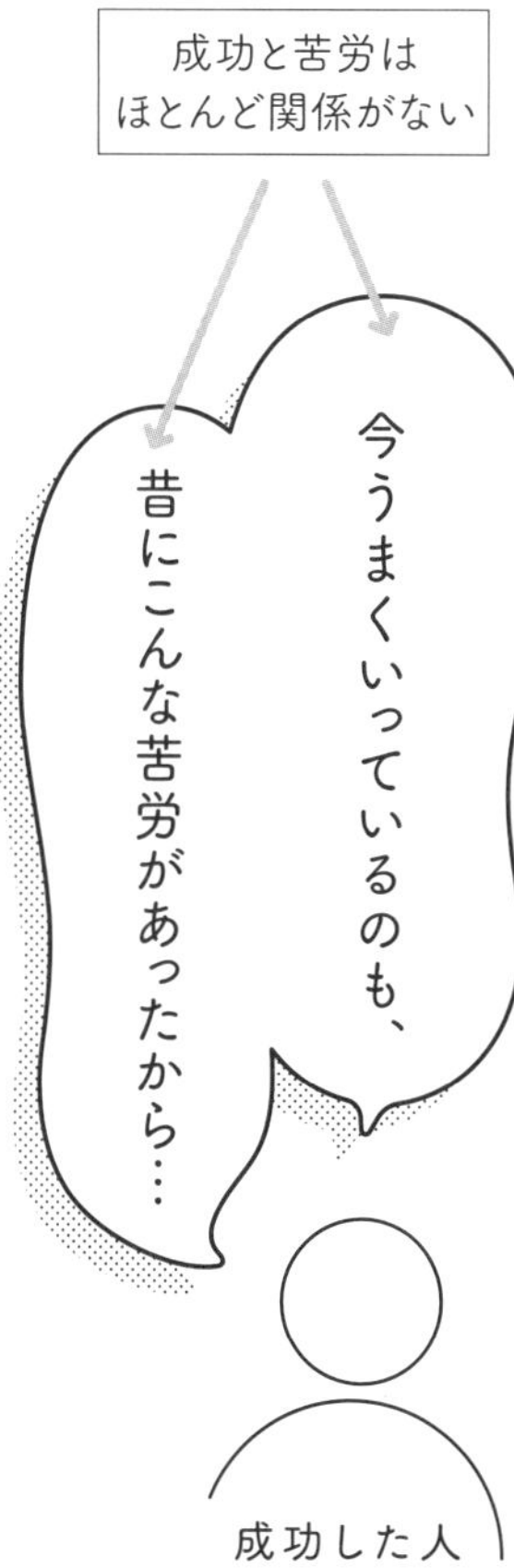
成功と苦労は
ほとんど関係がない
今うまくいっているのも、
昔にこんな苦労があったから…
成功した人

楽しんで成功した人は、「苦労した」という傷痕がないので、心に余裕があり、自然体で輝いています。そういう人にとって、「成功」とは労せずして得たもの、いってしまえば「空気」みたいなものです。

「ここにある空気は俺のものだから、吸うなよ」なんて言う人はいませんよね。

それと同様、楽しんで成功した人は「この成功は俺のものだから、教えない」とはならない。惜しげもなく、教えてくれるものなのです。

間違った意味での「反省」はやめよう

失敗したら反省する。ごく当たり前の話に思えますよね。

でも、僕がちょっと気になっているのは、**「反省」の意味を取り違えてしまっている人が実に多い**のではないか、という点です。

よく「反省の色がない」なんていいますよね。では、その「反省の色」って、はたしてどんな色なのでしょう。人に「反省の色」を求めるとき、いったいどんな姿が思い浮かんでいるのでしょうか。

しょんぼりとうなだれている姿、土下座している姿、つまり自分を責め、叩いて苦しめている姿が「反省の色」なのだとしたら、かなり「反省」の本来の意味からかけ離れてしまっています。

ここで正確を期《き》するために辞書（『広辞苑　第七版』）を開いてみると、

はん‐せい【反省】①自分の行いをかえりみること。自分の行為について考察し、批判的な評価を加えること。

とあります。

ご覧のとおり、**「自分を叩いて苦しめる」といった意味合いは含まれていません。**

「批判的」とはありますが、これも「物事の真偽や善悪を批評し判定すること」（同前）という意味ですから、やはり自分を叩いて苦しめるのとは違います。

いうなれば「反省……自分の行いをかえりみること。自分の行為について考察し、批判的な評価を加えること」の先にあるのは「改善」でしょう。

失敗したら、がっつりへコむ。それは人間の心理として自然なことですし、前進するためには必要なことでもあると思います。

ただし、ヘコむことは1つのプロセスであって、それ自体は目的ではありません。**反省の目的を「自分を苦しめて凹ませること」から「改善につなげること」**へと書き換えたら、きっと本当の意味での反省ができるんじゃないかと思います。

失敗のあとに改善策を考えるには、当然ながら、失敗を検証することが必要です。反省とは、そのベースになるもの。つまり、自分の行いに批判的な評価を加えたうえで「じゃあ、どうしたら次はもっとよくできるだろうか？」と考え、実践することにつながっている、とても前向きな行為なのです。

最初から失敗しようとする人はいない

今お話しした「反省」の意味ですごかったのは、僕が和平さんの会社の社長をしていたころに専務だった方です。

その方は、いつも「クレームがくるとワクワクする。先方に謝りに行くのも大好き」とおっしゃっていました。

なぜかといえば、クレームには必ず「よりよくできるヒント」が隠れているから。

お客様は改善のヒントを示すために、クレームを寄せてくださった。そのヒントを伺うために謝罪に行くわけだからワクワクする――というわけです。

実際、その方はクレーム対応として謝罪に行った先で、ほぼ必ず、相手とめちゃくちゃ仲良くなって帰ってきました。「許してもらった」どころの話ではなく、新規の大型注文を取ってくることも珍しくありませんでした。

まず、徹底的に相手の話を聞く。そして「とにかく謝って許してもらおう」というよりは、「こちらの落ち度についてはきちんと謝りつつ、そこから相手と一緒に改善のヒントを探していこう」という意識で向き合っていたそうです。

当時の僕は、クレームなんてきてほしくないし、謝りに行くのも気が重いと思っていたので、その方の考え方が衝撃的で、すごく勉強になったのです。

世の中には例の「反省の色」を求める人も多いので、対外的に「自分を責め、叩いて苦しめているふう」に見せるのは、1つの処世術として身につけておいてもいいかもしれません。

でも本当に自分を責め、叩いて苦しめるのは、やめてあげてほしいなと思います。

くり返しお伝えしているように、僕の考える運のつかみ方では、とにかく「いい機嫌」でいることが大事なので、いわゆる「反省の色」を地で行くのは、かえって運を下げることにつながってしまうでしょう。

本項の見出しに、僕は「間違った意味での反省はやめよう」と書きました。

ここまで読んでいただいた方には、その真意は、もう伝わっていると思います。

世間的にいわれている反省は、しなくていいということなのです。

そもそも、最初から失敗しようと思っている人なんていないはずです。

すべてのタイミングで最善を尽くした。たまたまうまくいかなかっただけで、そのときそのときで精一杯やってきたわけです。仮に精一杯できないタイミングがあったとしても、それにも理由があったはずです。

まずそんな自分を褒めて、慰めてあげる。

反省するのは、それからです。

そして反省するなら、本来の意味での反省――自分を批判的に評価はしても否定はしない、自分を叩くことなく、「改善」という明るい未来につながるほうの反省をしていきましょう。僕が本項でお伝えしたかったのは、こういうことなのです。

上ばっかり見ていたら疲れちゃう

初めて本を書くことになって行き詰まったときに、もう1つ、気をラクにしてくれたものがあります。

デール・カーネギーというアメリカの作家をご存知でしょうか。

『人を動かす』『道は開ける』などで知られる世界的ベストセラー作家なのですが、カーネギーの初期のビジネス本を読んでみると、「ライバル会社をこっそり陥れる方法」を紹介していたりと、まあ、けっこうひどい人なのです。

我ながら単純なのですが、そんなひどい人が、のちのち、世界中で人生や仕事のバイブルと崇《あが》められるほどの自己啓発書を書いたんだと思うと、なんだか自分にも本が書けるような気がしました。

一生懸命な人、真面目な人、向上心がある人は、大きな目標を定めてがんばっていることでしょう。目標とする人がいる場合も多いと思います。

それは本当に素晴らしいことですが、いつも上ばかり見ていると、目標とのギャップに落ち込んでしまうこともあるかもしれません。

人間、元気なときは大きな目標に向かって奮起できるものです。自分で尻を叩いて邁進《まいしん》することもできます。

でも、ちょっと心が疲れているときは、大きな目標の存在がつらくなってしまう。自分を飛躍させるために設けたはずの目標が、かえって落ち込ませるものになりがちなのです。

そんなときは、いったん自分を追い立てるのはやめて、ひと休みしませんか。

その1つの方法として、**すごい人の「昔の姿」――ダサかったころや、ひどかったころの姿を見るのもアリ**だと思います。僕がカーネギーの初期の本を読んで、「こんなやつにも書けたんだから、自分にも書けそう」と元気づけられたように。

それは必ずしも、自分が目標としているその人である必要はないと思います。

幸い、高度な情報化社会である現代に生きている僕たちは、キーワード検索ひとつでさまざまな情報にアクセスできます。有名人の昔の動画なんて、掘れば掘るほど出てきます。

だから、誰でもいいから、世間的に評価されている人の昔の姿を見て、「こんなダサかったんだ」「こんなひどかったんだ」と、ちょっとクスリとする。上ばかり見て疲れてしまったのなら、いっそ下を見て気を楽にしちゃえばいい。

たとえば、フォロワー数うん十万人のインフルエンサーでも、初期の投稿は驚くほど野暮ったかったりするものです（笑）。

がんばれなくなっているときほど、人は自分をなんとか起き上がらせようとハッパをかけがちですが、本当は、がんばれなくなっているときほど、自分に甘々になるべきだと思います。

そうすることで心の疲れが癒やされ、また気持ちも新たに走れそうな気がしてきたら、そこから目標に向かって走り出せばいいのです。

「適性」よりも大事なことがある

どんな仕事をしたらいいだろうかと迷ったときに、「適性判定」をやってみようと思うかもしれません。

それで本当に楽しめる仕事に出会えたら最高ですが、反面、テストでは「適性あり」と出た職種が好きではない、楽しめないというケースもありうるでしょう。

「向いているかどうか」が気になるのはわかります。向いている仕事のほうが、成功しやすいと思うものでしょうから。

ただ、好きな仕事ならば、もれなく、運をつかむ必須条件である「上機嫌」がついてきます。**仕事で運をつかんでいくには、適性よりも、ダイレクトに自分の「好き」を探究したほうが効果的なのです。**

では、どうしたらいいでしょう。

単に「好き」というだけで、本当に仕事になるのか？　「好き」を仕事にすることを考えたときに、ここで立ち止まってしまう人は多いと思います。もっともっと自分の「好き」を深掘りしていくと、やがてヒントが見えてくるでしょう。

深掘りのツルハシとなるのは、いったい自分は、好きなことに「どう関わったら」楽しいだろうか？　という問いです。

たとえば「本が好き」という人がいたとしましょう。ひと口に「本が好き」といっても、本との関わり方は、次のようにいろいろと考えられます。

・自分が注目している人の本を企画し、本を作る、という関わり方
・本の魅力を見出して、書店などに売り込む、という関わり方
・本のカバーデザインをする、という関わり方
・自分が読んでおもしろかった本を人に薦める、という関わり方
・読んだ本について感想や批評を述べる、という関わり方

このように「本が好き」を「関わり方」という視点で深掘りしていくと、**「好き」を仕事にするヒントが見えてくる**わけです。次のように。

・自分が注目している人の本を企画し、本を作る↓編集者
・本の魅力を見出して、書店などに売り込む↓出版社の営業
・本のカバーデザインをする↓装丁家
・自分が読んでおもしろかった本を人に薦める↓書店員、書籍インフルエンサー
・読んだ本について感想や批評を述べる↓書評家

「好き」から出発して「関わり方」を工夫する

僕自身の話もしておきましょう。

僕は昔から自転車やエンジンの付いた乗り物が大好きでした。

乗るのも好きだったけど、それ以上に好きだったのは、パーツに分解して改良を加え、組み立て直すことです。パーツを工夫して、めちゃくちゃスピードが出る原チャ

リやママチャリを作って楽しんでいました。公道を走ったらダメなやつなので、サーキットを走ったりしました。

自転車やバイクをいったん分解して、よりよくなるように再構築する。

考えてみると、これは今まさに僕が仕事としていることと同じなのです。

といっても、もちろん、自転車のメカニックになったわけではありません。

今、僕が主に仕事としているのは、セミナーの受講者さんの話を聞かせてもらって、どうしたら仕事やプライベートでより幸せになれるのかを提案すること。

相手がより幸せになる鍵をつかむには、まず、相手をよく知る必要があります。

それはつまり、相手をいったん分解するということなんです。

その人が総体としてぼやっと思い描いていることを、1つひとつの要素に分解していく。そのうえで、その人が望んでいる幸せに近づけるよう、要素を組み立て直して、「こうしてみたらいかがですか?」と提案する。

誤解を恐れずにいえば、僕にとっては、「相手の話を1つひとつの要素に分解し、より幸せに近づけるよう再構築する」のも、「自転車をパーツに分解して改良を加え、組み立て直す」ことも、あまり変わりません。

ほぼ同じような脳の回路を使っている気がします。

僕は自転車や自動車が好きだった。では、どう関わるのが好きだったかというと、バラバラに分解して、よりよくなるよう組み立て直すことが好きだった。

そして気づいてみれば、今では、人を分解し、よりよくなるように組み立て直すという仕事をしている、というわけです。

僕の場合は、「好き」を仕事にするために、好きなこととの関わり方を深掘りしたのではありませんが、やっぱり、好きなものとの関わり方と、今の大好きな仕事は根っこでつながっていたんだなと思います。

「好き」から出発して「関わり方」で掘っていくことで、そういうつながりを意図的に見つけることも可能でしょう。

この方法は就職や転職のときだけでなく、今の仕事で自信をなくしそうになっているときにも役立ちます。

先ほどの「本が好き」な人の例を引き継ぐと、「自分が注目している人の本を企画し、本を作る」ということがしたくて編集者になったのに、作った本が売れない、ひょっとして向いていないのかもしれない……といったケースです。

一生懸命やっているのに結果がついてこないと、「向いてないのかな」なんて思いがちでしょう。言い換えれば、これは「適性があればうまくいくはず」という思い込みにとらわれて、大好きなことに関わる喜びの部分を見失っているということです。

そんなときこそ、「適性」を問うのではなく、そもそもの「好き」に立ち返ってみてほしいのです。

結果が出ないのはつらいものですが、そんな中でも「そうだ、自分は著者の人と話し合って企画を練り、一緒に本を作り上げる、そういう関わり方が好きなんだ」と思えたら、きっと、また上機嫌で仕事に取り組めるようになるはずです。

仕事はラクでいい

「アリとキリギリス」という寓話《ぐうわ》がありますよね。

〝あるところにアリとキリギリスがいました。

夏の間、アリは冬に備えてせっせと食料を蓄えていた一方、キリギリスはずっと楽器を演奏したり歌ったりして遊んでいました。

そして冬がきたとき、アリは食べ物に困らなかったけれども、キリギリスは食べ物がなくて餓死しそうになってしまいました。

そこでかわいそうに思ったアリは、食べ物をキリギリスに分けてあげて、キリギリスは夏の間に遊んでいたことを反省しました〟

こんなお話です。

「今、楽しむばかりでは、将来、大変な目に遭う。ちゃんと先を見て、今、苦労して備えておくことが大事」という戒めが込められているわけですが、実は、これを僕なりに書き換えた『こーちゃん版・アリとキリギリス』という本があるのです。これはセミナーでの僕の話がもとになってできた、いわゆる私家本なのですが、あらすじは次のとおりです。

〝あるところにアリとキリギリスがいました。
アリは働き者で、毎日、せっせと食べ物を蓄えています。
キリギリスは音楽が大好きで、毎日、楽器を演奏していました。
そんなキリギリスの演奏を聴いたアリは、癒やされて大喜び。
そこでお礼として、アリは食べ物をキリギリスにあげました。
キリギリスは、アリからもらった食べ物を食べながら、もっといい演奏をしました〟

なぜ、こんな本を書いたのかと言うと、**「今、楽しむばかりでは、将来、大変な目に遭う」という脳内プログラミングを、「楽しいことをすると、みんなが喜ぶ」という脳内プログラムに書き換えたかったから**です。

この寓話が古来、読み継がれているのは、それだけ多くの人に「今、楽しむばかりでは、将来、大変な目に遭う」と刷り込まれているからでしょう。

そのために、「今このとき」を楽しむことができなくなっている人が多いとしたら、悲しいことだなと思ったのです。

ゆるゆる楽しんで対価を得るもの

それに、もとの「アリとキリギリス」では、夏の間に食べ物を蓄えているアリが、苦しい思いをして働く労働者のように描かれています。

将来的に困らないようにするためには、今、苦しまなくてはいけない。そんな仕事観で、はたして人は幸せになれるのだろうか？　という疑問もありました。少なくとも僕は、仕事とは「自分が楽しんだ対価を受け取るもの」であってほしいな、と。

だから「自分が楽しいこと＝楽器の演奏」をしていたキリギリスさんが、自分が楽しんで演奏した対価として、アリから食べ物を受け取るという物語にしました。

では、キリギリスに演奏のお礼として食べ物をあげるアリはどうか。やっぱり労働者じゃないかと思われたかもしれませんが、違うんです。アリもまた、働くことを楽しんでいるわけです。

アリは働いて食べ物を蓄えるのが楽しい。

キリギリスは楽器を演奏するのが楽しい。

双方が自分にとって楽しいことをして、アリは食べ物を蓄えた対価としてキリギリスの演奏で癒やされ、キリギリスは演奏をした対価として、アリの食べ物でお腹を満たしたということなのです。

こういう仕事観だったら、みんな「今、楽しむこと」をダメと思わないで、「自分が楽しんだ対価」を受け取る、それを仕事にしていけるようになるんじゃないか。

それって、めちゃくちゃ素敵な世界だよね、という思いを込めて『こーちゃん版・アリとキリギリス』を書きました。

自分が楽しめることをするのは、当然ながら、楽しめないことをするよりも、ずっとラクですよね。つまり「仕事はラクであったほうがいい」というわけです。

ここで、みんなが自分にとって楽しいことをしていては、社会が成り立たなくなると思ったかもしれませんが、それも違うんです。

アリとキリギリスとで、自分が楽しいことが違ったように、「何をしたら楽しいか」は人それぞれ違います。

だから、みんなが自分にとって楽しいことをしても、社会は成立します。むしろ、みんなが自分にとって楽しいことだけをしたほうが、世の中は、ずっとよくなるといっても過言ではありません。

たとえば、僕にとっては、人前で話すことは楽しいけど、資料を作ることは楽しくありません。

だから以前は、セミナーを開催するたび、準備に苦労していました。

そんな僕の救世主になってくれたのは、友人のハルでした。

ハルは人の話を引き出して分かりやすい天才的な資料を作ることに無上の喜びを感じる人で、ほんの1~2時間、打ち合わせをしただけで、みごとにセミナー資料を組み立ててくれました。

べらべら勝手に話したことをきれいに構成してくれる彼は、僕からすると「神！」です。それからというもの、セミナーの資料は、いつも彼にお願いしていました。

自分が楽しめないことを嫌々するのではなく、それを楽しめる人にやってもらうと、自分がラクになるだけでなく、当然、クオリティもよくなります。

つまり、みんながそれぞれ、自分が楽しいことをやったほうが、よりよいものが世に送り出されるようになる。先ほど「世の中はずっとよくなる」と言ったのは、そういうわけなのです。

いろんな仕事観があることは否定しません。仕事観は、幼少期に周りの大人がどんなふうに働いていたか、仕事とはどういうものだと語ってきたかによって形成されるものですが、大人は自分で自分を再教育することができます。

みなさんは、どんな仕事観を持って生きていきたいですか。「汗水たらして働いてこそ仕事だ！」というのも1つですし、「ゆるゆる楽しんで対価を得る」というのも1つでしょう。これを機に、考えてみてもらえたらうれしいです。

今までの常識は捨てていい

常識というやつは、なかなか厄介なものだと思います。

同じ常識を持っている人たちの集団の中では、それは自分を守り、周囲とうまくやっていくサポーターになってくれるでしょう。

ただ、何が厄介かというと、あまりにも1つの常識の中にいすぎると、それがこの世のすべての常識であるかのように思えてくることです。常識とは、自分を1つの世界に縛り付けるものにもなりうるわけです。

世の中には多種多様な常識があります。

20年くらい前にニュージーランドに行ったときに驚いたのは、**普通のハチミツ農家のおっちゃんがプール付きの家に住んでいて、自己所有のボートで毎週末のようにクルージングを楽しんでいる**ことでした。

オーストラリアでは、ごく普通のサラリーマンだけど、毎年、2か月ものバケーションがあり、世界中を旅しているという人にも出会いました。

どちらも当人たちにとっては当たり前のこと、常識ですが、「そんなことができるのは、ほんのひと握りの富裕層だけ」という常識で生きている人から見たら、ずいぶん驚きですよね。

20代後半のころ、オーストラリアの旅で一緒だった友人から送られてきた結婚式の招待状には、直筆で「ふたりともお金がありません。貯金数百円なので、ご祝儀よろしく！」と書かれていてびっくりしました。

当時、僕は「当面の生活に困らない程度の貯金がないと、結婚して家庭を築くことはできない」と思い込んでいたからです。そんな当時の僕の常識が、あっけらかんと「お金がない」と言える彼らの常識によって、ちょっと書き換えられた瞬間でした。

前にお話しした仕事観もそうです。ある人にとっては「苦労して働くことが仕事である」というのが常識かもしれませんが、**僕にとっては「自分が楽しんだ対価を得ることが仕事である」というのが常識です。**

ほかにも、イタリア人男性にとっては「女の子を見たら褒めまくる」のが常識、大阪の人たちにとっては「お好み焼きでご飯を食べる」のが常識などなど、国ごと、地域ごと、さらには個人ごとにも、さまざまな常識があるわけです。

素敵な常識で生きている人を探そう

ここで、ぜひご自身に問うてみてほしいのは、前にお話しした仕事観と同じく、「では、自分はどの常識で生きたいだろうか？」ということなのです。

その点に自覚的になれたら、常識は、1つの世界に自分を縛り付けるものではなく、本当に生きたい方向へと自分を花開かせてくれるものになるでしょう。

もし「こんな常識もあるんだ！　素敵だな」と思う新・常識を見つけたら、いい方法があります。

その常識で生きている人に「ホームステイ」させてもらうのです。

会いに行って近くで過ごさせてもらうのが一番いいのですが、ひとまず、その人が発信していることに日々、触れるだけでもいいでしょう。

外国語も、一番早く習得するには、現地の家庭にホームステイさせてもらうことですが、オンライン学習ツールで学ぶこともできますよね。

それと同じく、自分が生きたい常識で生きている人のＳＮＳ、ＹｏｕＴｕｂｅ、ブログなどに日々、触れているだけでも、少しずつ、その常識をインストールしていくことができるでしょう。

今いる場所の常識から外れるのは難しい。「この常識がいい」と思ったとしても、本当にその常識で生きるなんてできない。そういう考えは、いったん忘れて、まずはいろんな常識に目を向けてみてください。

それは、まだ見ぬ自分の可能性に目を向けるということ。ひょっとしたら、今までの自分の常識では考えられない世界へと飛び出すことになるかもしれません。ワクワクしますね。

3章

「困った顔」をどんどん見せていく

「大丈夫なフリ」ばかりうまくなっていないか

まず受け取る「テイカー」から始めよう

人に求めるばかりの「テイカー」よりも、人に与えることが多い「ギバー」のほうが運を味方につけやすいというのは、なんとなく想像がつくと思います。

僕の周りの人たちを見ていても、やっぱり、人に与えることを惜しまない人ほど、最終的には、人にもチャンスにもお金にも恵まれています。

ただし、今、きっと多くの方がこう思っているでしょう。

「そんなことは百も承知。でもギバーになれないから困ってるんじゃないか」

おっしゃるとおりだと思います。

人に与えるのって、言うほど簡単なことではありません。

いったいそれは、なぜなのでしょう。

結論から言ってしまうと、おそらくほとんどの場合、それは**「自分自身が得ることに苦労しているから」「苦しい思いをして得ているから」**です。

さんざん苦労して、苦しい思いをして、やっと得たものだから、簡単には与えられないということでしょう。

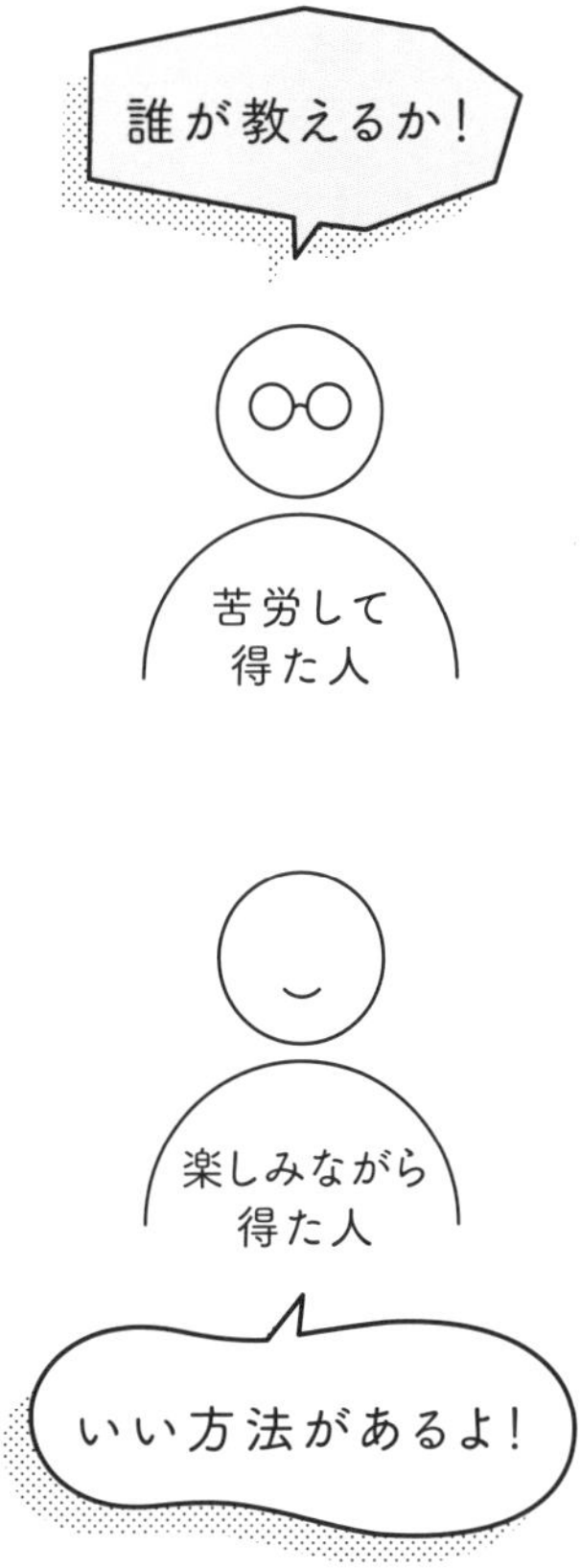

ここに2人のグルメな人、Aさん、Bさんがいると想像してください。
ある人が、Aさんに「おいしいお店、教えてください」とお願いしたら、「バカヤロウ、おいしい店を見つけるために、俺がどれだけ苦心してきたと思ってるんだ！

なんの見返りもなく教えてたまるか！」と怒られてしまいました。

何も教えてもらえなかったので、今度はBさんのところに行って「おいしいお店、教えてください」とお願いしたら、「いいよ！　フレンチならここ、イタリアンならここ、和食ならここ、中華ならここがおすすめ！」と、快く教えてくれました。

それればかりか、Bさんは、「ただ好きでいろんなお店に行っているだけなんだけど、それが役立ってうれしい！」とまで言ってくれたのです。

AさんとBさんの違い、もうわかりますよね。

Aさんは苦労しておいしいお店を探している一方、Bさんは、お店めぐりを楽しんでいるという点が決定的に違います。

Aさんにとって「おいしいお店」とは「自分が苦労して知り得たもの」であり、それだけに、なんの苦労もしていない人には教えたくありません。

一方、Bさんにとって「おいしいお店」は「楽しみながら見つけたもの」であり、その楽しみのおすそ分けとして「人にシェアしたいもの」なのです。

時にはハズレのお店に当たってしまうこともあるはずですが、Bさんは、そこを選んだ自分を責めることもありません。「ま、そういうこともあるよね」「こういうお店には注意しよう」と学習しているから、ハズレすらも苦労ではないわけです。

ここまで読んで、「Aさんは、なんて心が狭いんだ」と思ったかもしれません。でも、たぶん例えが「グルメ」だったからそう思うだけで、おそらく人は誰しも、多かれ少なかれ「Aさん的なマインド」を持っているものでしょう。だから、なかなか「ギバー」になれないのだと思います。

「ギバー」になる一番の早道は、Bさんみたいになることです。

「ラクして（楽しんで）得る側」になってしまえば、たしかに最速でギバーになれます。が、ここでは、その1つ前のステップとして、「苦労して得たものを手放すマインド」になる方法を紹介しましょう。

といっても簡単です。ポイントは次の2つだけ。

・苦労して何かを得ている自分を、めちゃくちゃ褒める。
・得る過程で失敗しても自分を責めない。

こんなふうに自分を褒め、失敗すらも受け入れているうちに、「苦労して得たからには独り占めしたい」というマインドから解放されていきます。そして、どんどん気分よく人にあげられるようになるでしょう。

気分よく人に与えている人は、人からも気分よく与えてもらえるものです。ギバーになればなるほど、回りまわって、人にもチャンスにもお金にも恵まれていくというわけです。

下心は隠さないほうがいい

自分が欲しい技術や情報を持っている人。

自分がやりたいと思っていることを、すでに実現している人。

そういう相手と運よく出会ったら、全力で友だちになりに行きましょう。

どれくらい全力で行くか、というと「下心が丸見えになる」くらいです。

そんなことをしたら呆れられ、引かれてしまうのでは？　と思うかもしれませんが、大丈夫です。

まず、いくらスマートに近づこうとしても、下心があれば、どのみち相手に伝わるもの。そこで下手に取り繕《つくろ》おうとすると、逆に、いやらしさみたいなものがにじみ出て、かえって引かれてしまう可能性があります。

だったら最初から真正面切って「仲良くなりたいんです！」と近づく。

すると、その裏表のなさ、潔《いさぎよ》さに、相手も警戒心を解きやすくなるでしょう。本当に仲良くなりたい相手に対してこそ、かっこつけず、取り繕わず、むしろぜんぶあけすけなほどに手の内を明かしてしまったほうがいいのです。

たとえば僕だったら、こんな感じです。

「あなたのお話、めちゃくちゃ響きました。僕たちはソウルメイトなんじゃないかって思っちゃうくらい」

「この出会いって、僕の人生を左右しちゃうくらいのチャンスだと思うんです」

「そのノウハウ、すごいですね。全力で友だちになりたいです！」

これくらい思いきって相手の懐に飛び込んじゃいます。

こんな近づき方、いわゆる「いい人」がやることではないでしょう。

でも、「いい人」になれるほど、僕の下心は小さくないんです。なんの自慢にもならないかもしれませんが、それはそれは「でっかい下心」があるから、隠さない。隠せない。だから、どんどん出していこうというスタンスなのです。

ただし、**下心全開で何かを受け取りに行くからには、何かしら見返りも差し出したい**というのは常に意識しています。なぜなら、単なる「テイカー」、つまり「クレクレくん」だと、受け取れるもののスケールも小さくなってしまうからです。

単に受け取るだけでなく、惜しみなく人に与える「ギバー」でもあることで、相手との信頼や相乗効果などで、より多くを得ることができるでしょう。

ここで「自分には何も差し出せるものがないから、受け取る資格がない」なんて思うことはありません。自分が「ない」と思っているだけで、本当は何かしら「ある」に決まっているからです。

たとえば、それは満面の笑みで言う「ありがとうございます」かもしれないし、その人のアドバイスで何かがうまくいったと報告することかもしれない。**見返りといっ**

ても、何も金品とか、特別な知識やノウハウとは限らないわけです。

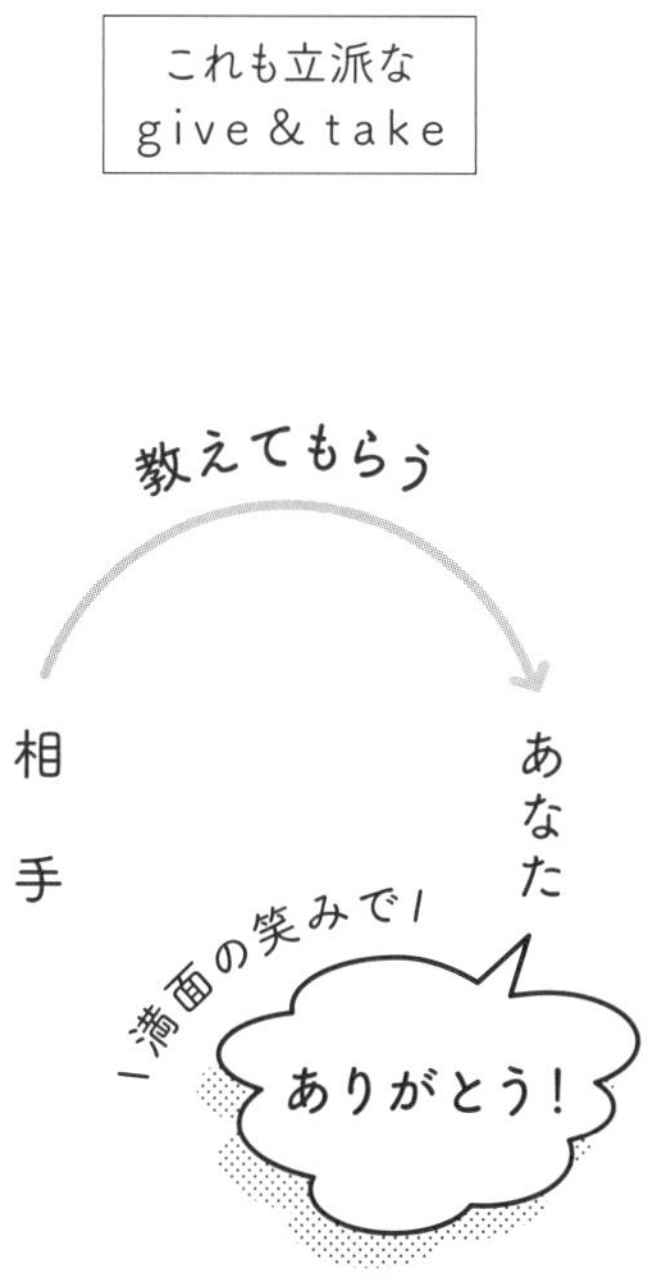

僕の場合、ギャグが通じそうな相手だったら、

「いただいたご恩をどうお返ししようか、考えても考えても思いつかなくて……。来世でもいいですか？」

なんて言ってしまうこともあります。お近づきになるときも、何かを受け取ったときも「あっけらかん」としていることが、意外と一番、好印象になるということかもしれません。

それと、なぜ、こんな感じで通用するのかというと、そもそも「喜んで与えてくれそうな人」にしか下心全開で近づかないから、ともいえます。

では、どういう人が「喜んで与えてくれそうな人」なのか。

それは「楽しんで成功している人」です。

さんざん苦労して成功した人は、多くの場合、「苦労と引き換えに得た成功の秘訣を、そう簡単に教えたくない」「みんなも同じように苦労して、自分の力で手に入れるべきだ」という気持ちが強い。

それが「楽しんで成功した人」にはないので、びっくりするくらい、惜しげもなくいろいろと教えてくれるのです。

もらえなくて当然、もらえたら超ラッキー

自分が欲しいものを持っている人と全力で仲良くなりに行っても、もらえるかどうかは結局、相手次第です。

あまりにも期待しすぎると、何も受け取れなかったときの落胆が大きすぎて、また新たに出会う人たちとの関係構築に消極的になってしまうかもしれません。

運がいいとは「自分の実力以上のことができちゃうこと」であり、**それはたいてい「人」を介してやってくるもの。**このように定義すると、**人間関係に消極的になることは、そのまま運を逃すことに直結している**といっていいでしょう。

そこで1つ、前提となる心構えをお伝えしておきますね。

誰かと全力で仲良くなりに行く。

お近づきになって、ぜひ、その人から自分のためになるものを受け取りたい。

この下心を抑える必要はないのですが、無理は禁物です。

たとえば、ちょっと近づいてみたら、相手の心がヒュッと閉じるのを感じることがあるかもしれません。

そういうときは、それ以上深追いしないほうがいいでしょう。閉じかけているものを無理やりこじ開けるのは大変ですし、たいていの場合、うまくいきません。

そんな不毛な努力に終わる可能性が高いことを、わざわざ自分に強いる必要はないのです。

下心は大きく、しかし気楽に構えておく――というのがいいと思います。

言い換えれば、**何も受け取れなくて当然、ちょっとでも受け取れたら超ラッキー、**という感じ。

こういう心構えでいれば、何も受け取れなくても「ゼロ」のまま。マイナスにはならないので、自分は傷つかないし、落胆もしません。「そうか、この人はあまり与えたくないタイプなんだな」と思って、また新たな出会いへと向かうことができるでしょう。

そもそも期待が大きいと、ギラギラしてしまって、それが相手を引かせてしまうことも多いと思います。過度な期待や必死感を向けられると、逃げたくなる。皮肉な話ですが、人間、そういうものでしょう。

くり返しますが、下心は大きいままでいいのです。ただし、「なんとしても受け取ってやる」とは思わず、気楽に構えておくこと。そのほうが結果的に与えてもらいやすいともいえるわけです。

教わることも「立派なギフト」である

「自分には何も差し出せるものがないから、受け取る資格もない」というのは勘違いだと言いました。

単なる「テイカー」にならないために、人から恩を受けたら、お返しをする。満面の笑みで言う「ありがとう」も、「アドバイスに従ってやってみたらうまくいきました！」という報告も、お返しになりうる、と。

いってみれば、これは「最高のリアクションのギバー」になるということ。それだけでも、「こんなに喜んでもらえてよかったな」と相手の心を満たす、立派なお返しになるのです。

そうはいっても、もう少し相手にメリットがある形でお返ししたいという殊勝《しゅしょう》な人もいるかもしれません。そんなときは、「自分の得意なこと」を軸に考えてみると、きっと、いい方法が見つかると思います。

自分の得意なことは往々にして「自分にとっては当たり前にできること」です。だから価値に気づきにくいのですが、自分ではなんてことのない知識やノウハウが、実は相手にとってすごく役立つものである、というのはよくあることなのです。

恩は「自分の得意」で返せばいい

僕が初めて竹田和平さんにお会いして話を聞いたときのことです。

和平さんが、メーリングリスト（一度に複数の宛先にメールを送信する機能のこと）を活用して、「徳の学校」と題した配信をしたいとおっしゃいました。

当時、僕のメルマガには1万人以上の読者さんがいらっしゃったので、僕は自分のメルマガで「徳の学校」のことを紹介したのです。すると250人の方が和平さんのメーリングリストに申し込んでくれました。和平さんはとても喜び、なんと純金のメダルを僕にプレゼントしてくれたのです。

うれしい気持ちになりましたが、困ったのはお返しです。

相手は「日本一の大投資家」と呼ばれるお方。お金はたくさんあるから、欲しいものはなんでも手に入るだろうし、おいしいものなんて食べ尽くしているだろうし……。

そこで僕は、ひらめいたのです。

自宅に、30人の友人を集めてこう言いました。「みんな、日本一の大投資家と呼ばれてる方から純金のメダルを頂いたぞ！　持つだけで運が絶対よくなると思うんだ。みんな持ってみて！　持ったら笑ってこっち向いて！」

友人たちが純金のメダルを手に取り、満面の笑みになったところを写真に撮り、和平さんにお礼状とともに送り返したのです。

そう、僕だけでなく、友人たちのリアクションも入れてお礼をしたのです。

すると和平さんは大喜びされ、これをきっかけに、和平さんの会社の社長を任せていただくことになったのです（詳しくは拙著『日本一の大投資家から教わった人生でもっとも大切なこと』〈フォレスト出版〉をお読みください）。

相手がすごい人だと、無理に背伸びして、できもしないことをやろうとしてしまいます。しかし、すごい人と言っても、すべての方面に秀でているわけではありません。メルマガなどを使いこなしていた僕は、得意なＩＴの分野で和平さんをサポートしたいと思ったのです。

たとえば、学生時代に野球をやっていた人がいるとします。

といっても、「甲子園を経験した」とか、「プロを目指していた」とかではない。学生時代に部活動で練習したレベルです。

それではなんの役にも立てないかといったら、そんなことはありません。

健康維持法、体力の作り方、ピンチのときのメンタルの整え方などなど、野球に取り組む中で培われたノウハウや知識がある。そしてそれが、思わぬところで役立つこともあるでしょう。

もしかしたら、お世話になっている社長さんが、「最近、肩が凝っちゃって、ゴルフのスウィングが振るわないんだよね。スコアも低迷していてね……」なんて話してくるかもしれません。

そうしたら、バッティングの経験から肩や腰のメンテや使い方を教えてあげられるかもしれません。

あるいは「息子が野球をやってるんだけど、試合に出ても、なかなかヒットが出なくてね……」なんて話してくるかもしれません。

そうしたら、バッティングのコツや、本番に臨むときの気の持ちようをアドバイスできるかもしれません。

ご覧のとおり、今、話しているのはすべて「かもしれない」の話ばかりです。

ただ、この「かもしれない」を自分の中に持っておくことが重要なのです。

「自分には何も差し出すものがない」と思ってしまったら、そこでおしまい。

でも、「もしかしたら自分にも役に立てることがあるかもしれない」と思っておけば、役に立てる事柄を確実にキャッチできるでしょう。いつでも役に立つ「つもり」でいれば、役に立てるチャンスのアンテナが立つというわけです。

誰しも20年や30年も生きていれば、何かしら身につけているはずです。

人は自分が思っている以上に、他者に与えられるものを持っている。「自分には何もない」と思っているとしたら、自分が持っているものの存在、その価値に自分で気づいていないだけでしょう。

たとえ自分には取るに足らないことのように思えても、他者からしたら、黄金のように価値のあることかもしれない。恩返しで困ったときは、そんな発想で、自分の中を覗き込んでみてください。きっと何か見つかるはずです。

「その道が好きな人」に教えてもらう

何かを教わるとき、「誰に教わるか」はすごく重要です。

実績がある人から教わる。能力が高い人から教わる。説明がうまい人から教わる。厳しい人から教わる。優しい人から教わる……。

たくさん思い浮かぶでしょうし、どれも一理あるとは思いますが、僕が一番重視しているのは、**「その道が好きな人」から教わる**ことです。

というのも、僕にとって人生の目的は「成功すること」自体よりも、「笑っている時間を増やすこと」だからです。

成功するために苦しい思いをするのは、僕からすると本末転倒。せっかく教わるなら、その道が好きな人から、お互いに笑いながら教わりたいのです。

何より、本書でいう「運」をつかむために重要なのは、「ご機嫌な状態」が続くことです。その道が好きな人から教わって、笑っている時間を増やせば、自動的に運もよくなるといっていいでしょう。


つい先日も、こんなことがありました。

昨今のサウナブーム。ご多分に漏れず、その流行に僕も乗ってきたのですが、近ごろ「整う」ことが少なくなってきてしまいました。

「整う」とは、サウナ浴と冷水浴をくり返すことで極上のリラックス状態になること。僕もサウナ通いを始めたころは「おお、これが〝整う〟ってことか！」と感激していたのですが、慣れてくると、どうも整いにくくなる場合があるようなのです。

もっとサウナで気持ちよくなりたい――そこで僕がアドバイスを求めたのが、株式会社A-Worksの取締役で、サウナ好きの滝本洋平君でした。滝本君は、著書『僕はゲームのように生きることにした』の担当編集もしてくれています。

彼は僕より年下なのですが、サウナにおいては楽しみ方をゼロから教えてくれた大先輩。その彼に「最近、整いづらくなってきて……」と相談すると、こんな答えが返ってきました。

「整わなくたって、サウナ、水風呂、休憩をくり返すだけで、十分、気持ちいいじゃないですか？　目的は整うことじゃなくて、気持ちよくなることですよね」

「パチンコはフィーバーする日もあれば、ぜんぜん出ない日もある。釣りは入れ食いになる日もあれば、ピクリとも当たりがない日もある。でも、サウナには、そんなことなくて、確実に気持ちよくなれますよ」

なるほど、と思いました。

どうやら僕は、いつの間にか、「整う」ことだけを求めるようになって、サウナを楽しめなくなっていたようです。でも、サウナが心底好きな彼は、サウナに入るだけでめっちゃハッピーなのです。

そういう人にアドバイスを求めたことで、僕はサウナの楽しみを改めて教わることができました。

もし仮に、しかめ面をして「整い道」みたいなものを追究している人に教わっていたら、今も「整わない、整わない」と悶々として、サウナを楽しめない状態が続いていたでしょう。

こんな卑近《ひきん》な例を出して、ごめんなさい。

でも、今の話は何事にも通じることだと思います。

仕事の極意を教わるにしても、恋愛の極意を教わるにしても、あるいはスポーツなど趣味としていることの極意を教わるにしても、そのことを心底楽しんでいる人から、お互いに笑いながら教わるのが一番でしょう。

それに、「好きこそものの上手なれ」という言葉もありますよね。

その道が好きな人ほど、長く続けられるものであり、長く続けるほどに神髄《しんずい》をつかみやすいもの。

その道が好きな人こそ、実は、その道に人一倍、長けている最良の先生である、という場合も多いでしょう。

相手にとってもメリットがある

突然ですが、ちょっとイメージしてみてください。

あなたは学生時代、野球に没頭していたとしましょう。

そんなあなたに、ある日、中学生くらいの野球少年が、「いつも見逃し三振ばかりでヒットが打てないんです」と悩みを打ち明けてきたとします。「どうしたらホームランが打てますか?」と助言を求めてきたら、あなたはどう思うでしょうか。

あなたが今も野球が大好きだったら、決して悪い気はしないはずです。

それどころか、いろいろと教えてあげたくなるでしょう。「面倒」だとか「厚かましい」なんて思うどころか、「この野球少年に、自分が教えられることはぜんぶ教えてあげたい」と思うに違いありません。

僕が何を言いたいか、もうわかりましたか。

そうなんです。**人は教えを乞《こ》われると、うれしい。それが自分の好きなことや得意**

なことであれば、「どんどん聞いて！」と思うものなのです。

立場を逆転させれば、こういえるでしょう。

教わるということ自体が相手を肯定し、讃《たた》える行為であり、あなたが誰かに教えを乞うとき、その相手は喜びを感じているはずです。

「教わる」ことは、一方的に相手から「テイク」することのように思えるかもしれませんが、実はそうではありません。教えを乞うことで、肯定され礼賛《らいさん》されたという喜び、そして「教える」という喜びを相手に「ギブ」することになるのです。

豊かで充実した人生を送っている人、いつも前進している人にとって幸せなことは、まずは自分自身の成長です。でも自分が教えることで他人が成長する姿を見るのは、それに匹敵するか、それ以上の喜びです。

もし先ほどの野球少年が、あなたのアドバイスのおかげで恐れることなくバッターボックスに立てるようになった、さらにはプロや大リーグまで狙えるまでになった、なんて話を聞いたら、うれしすぎて泣けてきちゃうでしょう。

このように、他人の喜びこそ自分の幸せだったりする。もし神様がいたとして、人の力になることを喜ぶように僕たち人間を設計したのだとしたら、なかなか素敵な計らいですよね。

「他力を頼る」と聞いて、どうも抵抗を感じていた人も、教わること自体が相手への「ギフト」なんだと考えれば、だいぶ抵抗感が薄れるのではないでしょうか。人に教えを乞うとき、どうか引け目など感じないでください。

それに、最初から道を極めている人なんていません。つまり教える側、ある道を極めた達人であっても、かつては誰かに教わる側であったはずです。

優れた師匠がいたのかもしれないし、あるいはバイブル的な本があったのかもしれない。その結果、成功して豊かな人生を送っている人ならば、自分の経験や知識、ノウハウを、惜しまず他者に受け渡していきたいと思うはずです。

「恩を送る」とも言いますが、恵みや恩寵《おんちょう》は、こうして人から人へと、めぐりめぐるというわけです。


そして最後に1つ、心に留めておいてほしいことがあります。

教えを乞うなら本気で相手と向き合いましょう。

いくら人の成長が喜びだといっても、いい加減な気持ちでこられたら、あまり教えたくはならないのが人情です。でも、たとえピント外れであっても試行錯誤している人になら、その本気の姿勢には全力で応えたくなるでしょう。

恩を送るなら、送りがいのある人に送りたいもの。相手をその気にさせるには、こちらの本気を見せるのが一番なのです。

といっても「なんとしても秘訣を聞き出してやる」と目をギラギラさせるのは、ちょっと違いますね。前にも言ったように、「何も受け取れなくて当然。ちょっとでも受け取れたら超ラッキー」という意識も忘れずに。

特に最初は、ただひたすら相手の話に感動しているといいと思います。すると、必死感よりもワクワク感とともに、軽やかに教えを乞うことができるでしょう。

「他力本願」な人ほど大きく成長できる

目標を達成するには、とにかく努力すべし、とよく言われます。

目標に向かってコツコツ努力をするのは素晴らしい。ただ、人間、一人でできることは非常に限られているというのも事実です。頼れる他力があれば、遠慮なく頼ってもいいんじゃないかと思うのです。

うまく他力を頼るにも、コツがあります。

まず必要なのは、自分が何を求めているのかを、わかっておくこと。そうでなくては何も始まりません。

そこでおすすめしたいのが、**「やりたいことリスト」**を書くことです。

自分のやるべきことや成功までのプロセス、努力目標を明確にするために、リストを作成するというのはよくある方法ですが、ここでいう「やりたいことリスト」は、ちょっと、いや、かなり目的が違います。

「やりたいことリスト」の目的――それは、自分が何を求めているのかを明確にすることで、「それを叶えるために力になってくれそうな人」と出会ったときに、すかさず他力を頼ることができるようにしておくため、なのです。

自分の努力で望みを叶えることには、運が「いい」も「悪い」も、あまり関係がありません。

一方、自分の努力の範囲「外」のところで望みが叶ったら、それこそ「運がいい」ということでしょう。なんか知らないけど、自分の実力「以上」のことができちゃったわけですから。

そして、自分の努力の範囲「外」のところで、自分の実力「以上」のことが叶っちゃうというのは、紛れもなく、うまく「他力」を頼れたときに起こることなのです。

つまり、こういうことです。

他力をうまく頼れる状態をつくっておくことで、運をつかみやすい状態をつくることができる。「やりたいことリスト」は、そんなふうに運をつかんでいくための「初手」といっていいでしょう。

「やりたいことリスト」は、ある程度、長いほうが効果的です。試しに100個、書き出してみるのはどうでしょうか。

実は僕も100個書いています。きっかけは、作家でラジオDJのロバート・ハリスさんが書かれた『人生の100のリスト』を読んだことでした。

書名にもなっているとおり、この本は、ハリスさんが19歳のころ、人生で達成したい100のことをリストアップしたもの。その内容というのが、「刑務所に入ってみる」「離婚してみる」など、ぶっとんでいるものもたくさんあるのです（というのも、将来物書きになりたくて、そのくらいの経験をしておく必要があると思ったのだそうです）。

それが本当におもしろくて、自分も真似してみようと思って始めたのが、「やりたいことリスト100」でした（刑務所まで入りたいとは思いませんでしたが笑）

みなさんも、ぜひ100個、やりたいことを書いてみてください。そして、それを叶えるために力になってくれそうな人がいたら、すかさず教えを乞いましょう。それこそ全力で友だちになりに行く勢いで。

やりたいことリストづくりは、いってみれば他力を頼るための「素振り」です。バットを何度も振るように、ひたすら自分の望みを書き出して可視化します。すると、バットを振れば振るほどバッティングのセンスが身につくように、書き出すことで望みが明確になればなるほど、「他力アンテナ」が磨かれます。

そして望みを叶える力になってくれそうな人と出会ったときに、アンテナが「ピン！」と反応するようになります。

「どうせ無理」ではなく「できている人から聞けばいいじゃん」「できている人を見つけたら、聞こう」という意識転換が起こり、素直に他力に頼ることができるようになっていく、というわけです。

こうして自分の努力の範囲「外」で、自分の実力「以上」ができちゃうようになっていく。つまり運が向いてくる。

「なんでも自力で努力すべし」という呪縛に縛られているほど、きっと大きな効果を感じられるでしょう。

お説教、意見は聞き流していい

相手はこちらのために、よかれと思って言っている。それは重々わかっているのだけど、ありがた迷惑に思ってしまうことも多い。これが、いわゆる「お説教」というやつの厄介なところです。

自分に愛情を抱いている身近な人ほど、あれこれと意見を言ってくるものです。親などはその最たるものでしょう。自分にも意思や考えがあるので、言われたことをすべて受け入れるわけにはいかない。かといって無碍《むげ》にすれば角が立つ……。

いったい、どうしたらいいでしょうか。

そこでおすすめしたいのが、「クジラ」になること、なんです。

クジラは、あの大きな口をガバーッと開けて、いったん大量の水を含んでから、口の中に無数に生えている「ヒゲ」で食料となる魚やプランクトンを濾《こ》し取ります。

人にお説教をされたときや意見されたときは、そんなクジラになればいいんだと思ってください。

つまり、いったんぜんぶ含んでおいて、もし、その中に取り入れたいアドバイスがあったら、それだけを濾し取って頭に入れる。あとは、クジラが大量の水を吐き出すように、聞き流してしまってオッケーということです。

人に説教や意見をたれるのも自由なら、その説教や意見を受け入れるかどうか、どの部分を受け入れ、どの部分を受け入れないかを選ぶのも自由です。選ぶのは100パーセント自分の判断でいいでしょう。

ただ、たいていの説教や意見は、自分に対する愛情から発せられているという点は忘れないでください。その中に何も取り入れたいアドバイスがなかったとしても、愛情だけは、心のヒゲで濾し取って受け取りましょう。

「面倒くさいなあ」と最初からすべてを拒否するのではなく、いったんはすべてに耳を傾けること。聞く姿勢をしっかり見せて、最後は、愛情を受け取ったサインとして「ありがとう」と伝えます。

すると不思議なもので、相手はこちらに言い分を無理強いしたり、説得しにかかったりしなくなります。

説教も意見も愛情ゆえであり、その愛情さえ受け入れられたと実感できれば、相手は、こちらが言うことを聞こうが聞くまいが、あまり気にならないのです。

これには僕も覚えがあります。

当初は法人向けにコンサルティングをしていたのですが、途中から個人向けのコンサルも始めました。

父からは「法人向けに絞ったほうがいい」とさんざん言われました。単価の低い個人向けコンサルを展開するよりも、予算がある企業向けに展開したほうが1回の実入りが大きくなるから、という理由でした。

言いたいことはよくわかります。だけど僕は、組織を相手にするよりも、ひとりで悩んでいる個人のお客さんの役に立ったとき、すごくうれしいという気持ちになります。なので法人よりも個人向けに行うようになっていきました。そのほうが僕のハートにしっくりきたのです。

でも、父なりに僕の将来を思ってアドバイスしてくれたことは伝わっていました。だから「ありがとう。そこまで僕のことを気にかけてくれてうれしいよ。法人ももう一度視野に入れてみるね」と伝えました。一応、そうは言いましたが、法人向けに展開するつもりはまったくなかったのです。

そんな僕の言葉に父は満足したのか、それ以降は、僕のコンサル事業について何も言ってきませんでした。「いつ法人向けにするんだ?」なんて聞いてくることもなく、ただ僕のやっていることを認めてくれました。

説教や意見をされると、相手がこちらの意思を無視して思いどおりに動かそうとしているとか、意見を押し付けようとしているとか思いがちかもしれません。

でも、その実、相手が一番伝えたいのは「あなたを大切に思っているよ」ということだったりするわけです。

たびたびうるさく言い募《つの》りたくなるのは、多くの場合、説教や意見が聞き入れられないからではなく、愛情を受け取ってもらえない悲しみゆえのこと。これは、親、上司、友人、パートナー、すべての関係性に当てはまることです。

だからこちらは、拒否するのではなく、「クジラ」になる。いったんすべて含んだうえで、愛情だけはしっかり受け取る。それさえできれば、あとは聞き流してしまっても、もううるさく言われることはなくなるでしょう。

こちらとしても、相手の説教や意見を、ぜんぶ聞き入れなくてはいけないと思うと苦しいだけですが、「それだけ愛してくれてるんだ」と思えば、素直に「ありがとう」と言えるはずです。実はそれが一番大事なのです。

「認めるだけ」で人はがんばってくれる

時代を超えて読み継がれているベストセラー『金持ち父さん　貧乏父さん』（ロ

バート・キヨサキ著）をご存知でしょうか。

お金の哲学について書かれたこの本は、人を「会社員」「自営業者」「ビジネスオーナー」「投資家」の4タイプに分類しています（本の中では「キャッシュフロー・クワドラント、お金の流れの4象限」と呼ばれています）。

なぜ、僕がいきなり『金持ち父さん　貧乏父さん』の話を持ち出したかと言うと、この分類が、実は人の承認欲求の程度、そして運の強さをも示していることに気づいたからなのです。

「会社員」と「自営業者」は、前者は「意思決定権なし」、後者は「意思決定権あり」という違いはありますが、どちらとも自分の労働力を売っています。つまり、自分自身が手を動かしてお金を得ている人たちです。

他方、「ビジネスオーナー」と「投資家」は、前者は「仕組みを作る」、後者は「他者の事業にお金を出す」という違いはありますが、どちらも自分で働くよりも人やお金に働いてもらっている人たちです。

だから、お金持ちになりたいのなら、「ビジネスオーナー」か「投資家」を目指そう。というのが、僕が読んで感じたロバート・キヨサキさんの主張なのですが、これを僕なりに少し違う視点から見てみます。ここからが重要なのです。

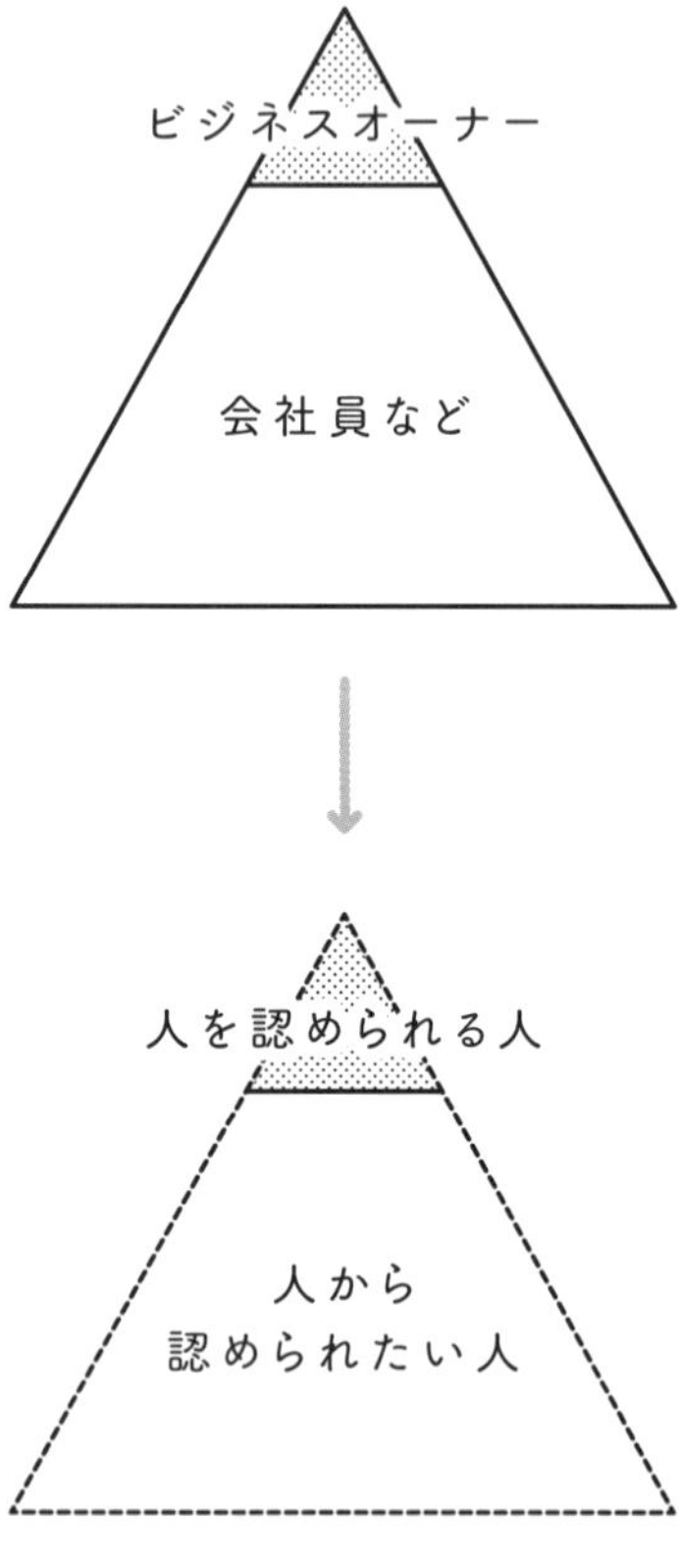

「会社員」と「自営業者」は、労働の対価としてお金を得ています。

それを「労働に対する承認の証として、お金を受け取っている」と置き換えれば、「会社員」「自営業者」は、自分のがんばりを承認されたいという価値観に巻き込まれてしまいます。

では「ビジネスオーナー」と「投資家」はどうでしょうか。ビジネスオーナーは、仕組みを作り、人に働いてもらう立場です。投資家は、人の事業に資金を出し、働いてもらう立場です。つまり、ビジネスオーナーと投資家の価値観は、「会社員」や「自営業者」のがんばりを、「すごいですね」「素敵ですね」と承認することがベースになってきます。

多くの人は**「会社員」や「自営業者」に集中しているため、世の中は「承認されたい」という価値観に縛られる人のほうが圧倒的に多いのです。**その結果、対抗心や競争心を抱かずに人のがんばりを素直に認められる人が、少なくなってしまいます。

この構造に気づいたとき、世の中の仕組みが少しずつ見えてきた気がしました。ビジネスオーナーや投資家になるには、「自分が認められたい」という価値観を超える必要があるのです。

この価値観から解放された人は、自然に他人を認められるようになります。結果として、周りの人たちががんばってくれることで、自分の実力以上のことができちゃう。つまり、運をつかめるというわけです。

となると、承認欲求を卒業し、他者を承認できるようになった人から、運をつかめるといってもいいでしょう。

では、どうしたら承認欲求を卒業できるか。

それには、**自分自身が自分の最大の承認者になってあげる**ことです。

みなさんは、どんなときなら、自分を認めることができると思いますか。

うまくいっているときなら、自分を認められるという人は多いと思いますが、それだと足りません。**うまくいっていないときですらも、自分を認められるようになると最強**なのです。

うまくいっていなくても、がんばっていることには違いありません。

だから、「よくやってるよね」と認めてあげる。こうして自分とのコミュニケーションを良好にすると、他者とのコミュニケーションも良好になって、周りの人たちを素直に認められるようになります。

たとえば誰かが失敗したときでも、決して建前ではなく、「がんばっていたよね。何より挑戦したことがすごいよ」と心から言えるようになるでしょう。

ここで立場を逆転させて想像してみてください。

失敗して落ち込んでいるときに、こんなふうに言ってくれる人がいたら、めちゃくちゃ感動して元気づけられませんか。それだけでなく、きっと「この人が困ったときは、絶対に力になろう」「この人のために何かしたい」って思うはずです。

ここまでくれば、もう、わかりますよね。

まず自分を認めると、承認欲求から卒業できます。

すると、自然と人を素直に認められるようになるので、自分のためにがんばってくれる人をたくさん持つことができる。結果として、実力以上のことができちゃうという先ほどの話が、そのまま自分の身に起こるというわけです。

都合のいい人を「えこひいき」していい

本書では、運がいいことを「自分の実力以上のことができちゃうこと」と定義しました。

そしてそれは、たいていは人を介して起こります。自分ひとりでは、しょせん、実力内に収まることしかできません。そこに人が関わってくれるからこそ、「自分の実力以上のこと」ができちゃうというわけです。

さて、問題はここからです。

自分の周りにいる人たち全員が、「自分の実力以上のこと」ができることに貢献してくれるわけではありません。残念ながら、中には足を引っ張り、運を下げる人もいるでしょう。

だから、運がいいことを「自分の実力以上のことができちゃうこと」と定義した場合、運をつかむには、誰とでも分け隔《へだ》てなく付き合えるような、いい人にならなくてはいけないという考えは不要です。

「自分の実力以上のこと」ができちゃうことに貢献してくれる人とだけ、仲良くすればいい。人は「えこひいき」していいのです。

自分の運に貢献してくれる人というと、なんだか計算高くてずるいように思えたかもしれません。

では、こう言い換えましょう。

自分を尊重してくれない人と付き合う必要はない。尊重してくれる人とだけ付き合えばいい。これこそ、本項でお伝えしたいことなのです。決して「この人と付き合ったらトクしそう」といった損得勘定の話ではありません。

時間は有限です。自分というリソースも有限です。

それなのに、セミナーの受講者の方々などの話を聞いていると、なぜか多くの人が、あまり好きではない人や、苦手な人に無理に気を遣ったり、仲良くしようとがんばったりして疲れてしまっている。

そのせいで、本当に自分を大切にしてくれる人に割く時間や、自分というリソースが削減されているのです。

これは、いってみれば、**株価が下がることがわかっている株にたくさん資金を注ぎ込み、上がることがわかっている株はスルーして、結果的に大きな損害を出すようなものです。**

自分を本当に大切に思ってくれる人こそ、運を上げてくれる人です。

そういう人を大切にするほどに、多くの幸せが返ってきます。

にもかかわらず、尊重してくれない人のほうに、より多くのリソースを割いているなんて、そんなナンセンスなことはありません。

誰とでも分け隔てなく付き合わなくてはいけない。人を嫌いになってはいけない。

真面目で優しい人ほど、そう考えがちなのかもしれません。

あるいは、得意科目を伸ばすよりも、苦手科目を克服することを重視する教育の影響で、好きな人との関係性をより深め、進展させるよりも、苦手な人を克服することに意識が向きがちなのかもしれません。

あと、「相手にどう思われるか」とか「距離を取ったら、どんなことを周りに吹聴《ふいちょう》されるかわからない」といった恐怖心から、無理に良好な関係を築こうとしてしまっている可能性もありますね。

いずれの理由があるにせよ、有限な時間と、自分というリソースを誰に配分するかによって、運をつかめるかどうかも大きく変わってくると聞いたら、どうでしょう。

ちょっと考えが改まりませんか。

嫌いな人からどう思われようと、実は自分は少しも傷つきません。試してみれば、きっとすぐにわかっていただけるはずです。これからは、自分を本当に大切に思ってくれる人との時間を充実させ、より深い関係を築いていきましょう。

4章

「夢や目標」なんてなくていい

運がめぐってから
考えればいい

「志が低い人」ほど望みが叶う

運がいい人は、自分で自分の機嫌をとることができて、上機嫌な時間が長い人。

本書では、ずっと、そういう前提で話をしてきました。おすすめしているさまざまな心構えやコツも、すべては、いかに自分を苦しめずに上機嫌にさせてあげるか、ということにフォーカスしています。

そこで1つ、意外と盲点になりがちなことをお話ししておきたいと思います。

それは、**幸せとは実は厄介なものである**、ということ。

みなさんは、幸せはどんなときに感じるものだと思いますか。

願望が叶ったとき、夢が現実になったとき、目標を達成したときに幸せを感じる。

そんなイメージではないでしょうか。

でも、ちょっと考えてみてください。
もし、幸せとは願望が叶ったとき、夢が現実になったとき、目標を達成したときに感じるものだとしたら、幸せとは、その瞬間に終わってしまうもの、ということにならないでしょうか。

となると、その瞬間以外は幸せではない、ということになってしまいます。

幸せとは、何かが叶ったときに感じるもの。これは上機嫌な時間を減らすことにつながる一種の呪いのようなものだと思います。そこから自分を解放してあげることで、もっと上機嫌な時間を増やすことができるでしょう。

つまり、願望、夢、目標がある状態、**それらに向かっている状態そのものに幸せを感じられるようになったら、より運を味方につけられる**ということです。

前述しましたが、僕は「ぽっちゃりお腹をスッキリさせて、自転車のウェアをかっこよく着こなしたい！」という願望をもってパーソナルジムに通っています。

僕を担当しているトレーナーさんは、「筋肉大好きなんです！」みたいな典型的なムキムキ体形。『北斗の拳』ってわかります？　その主人公、ケンシロウみたいなみごとな筋肉の持ち主なのです。

それに引き換え、ぽっちゃりお腹の僕は、まるでマシュマロマン……。

トレーナーと同じくらいムキムキになりたいわけではありませんが、やっぱり見比べてしまうと、自分の姿は情けなく見えるし、しっかり鍛えられた身体がうらやましくもあるのです。

週1、マンツーマンでしっかりトレーニングしても、すぐにスッキリするわけではありません。では、もっともっとウェアをかっこよく着こなせるくらいお腹がスッキリするまで、僕は幸せを感じられないのでしょうか。

だとしたら、それまでが苦しすぎます。

なんにも楽しくありません。

「叶ったら幸せ」という呪いから抜け出す

そこで、「叶ったら幸せ」という呪いから自分を解放してあげる。

ちょっとした捉え方の切り替えで、それは可能です。

「今日のトレーニングで、昨日の自分よりは、ちょっとだけ目標に近づいた」と捉えるようにすればいいだけ。そうすれば、トレーニングするごとに幸せを感じることができます。叶った瞬間だけでなく、その道中のすべてが幸せになるのです。

SNSを見ていると、肥満気味の人が筋トレを始めて少しずつ体形が変わっていく様子や、楽器を習いはじめた人が、日々、練習を重ねて上達していく様子をアップしているものを見かけます。

これなどは、願望や夢や目標がある状態、そこに向かっている状態そのものを楽しむという、いいお手本だと思います。

その人たちは、なぜ、日々の変化をSNSにアップしているのでしょうか。そうすることでモチベーションを保つ以外に、おそらく、日々、取り組んで向上していること自体にワクワクしているのをシェアしたいからでしょう。

みんなが日々の変化をアップすればいいとは思いませんが、そのマインドは、ぜひ取り入れたいところ。**「叶ったら幸せ」ではなく、「叶うまでぜんぶ幸せ」へと、幸せというものを書き換えちゃいましょう。**

親友に声をかけるイメージだと、素直に書き換えられると思います。

あることに取り組んでいるけど、自分のなりたい姿には、まだまだ遠い。でも、ちょっとずつは前進している。そんな親友がいたら、「ぜんぜん叶わないね。もうやめたら？」なんてひどいことは言わないでしょう。

きっと「昨日より、ちょっとでも前進していることがすごいよ。ワクワクするね！」みたいに元気づけてあげるはずです。その親友を自分に置き換えて、自分で同じように声をかけてあげてください。

やりたいことがなくても大丈夫

今、特にやりたいことがない人には、夢や目標を語る人がキラキラして見えるかもしれません。うらやましさの裏返しで、憎たらしく思えてくることもあるでしょう。

僕自身、若いころはそうでした。

短大を中退したあと、コンビニでアルバイトしていたのですが、バイト仲間は「夢を持つフリーター」ばかりでした。

「バンドで成り上がってやる」「ダンサーとしてニューヨークで成功するんだ」なんて彼らが語っているのを毎日のように耳にしながら、心の中では「おまえらの夢なんてどうでもいいから、早く棚に『ジャンプ』並べろよ」なんて毒づいていました。

今、思うと、僕はうらやましかったんだと思います。なんにもやりたいことがない、将来なんてまったく思い描けない僕には、まさに夢や目標を持って生きている彼らが輝いて見えました。

それと同時に、こうも思います。**よく「夢を持て」「目標を定めよ」とはいいますが、今、特に夢や目標がなくても焦ることはありません。なぜなら、自分はまだ熱中できるものに出会っていない、それだけのことだからです。**

現に、僕が夢を語る人たちのことを「マジ、ウザい」と思っていた矢先に、こんなことがありました。

もう1つのバイト先であるレンタカー屋さんには、すごく嫌な感じの先輩がいました。ところが、その先輩がバイクでオーストラリアを旅して帰ってきたら、すごくいい人になっていたのです。そこで単純な僕は思いました。

「オーストラリアって、こんなに人を変えちゃうパワーがあるわけ？　すごい！　俺も行きたい！」

「やりたいこと」との出会いって、恋に落ちる瞬間に似ています。昨日までは1ミリの兆しもなかったのに、出会った瞬間にガラリと自分の心が変わっちゃうのです。

その出会いの瞬間は、いつ訪れるかわかりません。もう訪れた人もいれば、まだ訪れていない人もいて、それは素質なんかではなく、単にタイミングの問題です。だから、周りと比べて焦る必要はないわけです。

もし、そう考えても焦りが消えないようだったら、新しい刺激を得るために少し行動を起こしてみるのもいいでしょう。

たとえば新しい趣味を始めて、新しいコミュニティに属してみたら、そこで魅力的な人に出会えるかもしれません。

人からの刺激は鮮烈です。僕がバイトの先輩の変貌《へんぼう》ぶりを見て「俺もオーストラリアに行きたい！」と思ったように、新しいコミュニティで魅力的な人と出会ったことが、そのまま「やりたいこと」との出会いにつながることも十分考えられるのです。


そして最後にもう1つ、大事なことをお伝えしておきます。

やりたいことが見つかっても、すぐに飽きたりして、魅力を感じなくなる可能性はあります。そうなったときに、決して自分を責めないでください。

そんなに生真面目に考えずに、やりたいことは初志《しょし》貫徹《かんてつ》しなくていい。**やりたいことは、やりたいときだけ、あるいは、やりたい間だけ、やればいいい**んだということも、あわせて頭に入れておいてほしいのです。

三日坊主も10回くり返せば1か月分。もうベテラン、くらいに思えばいいんです。

僕の価値観でいえば人生は楽しむものですし、楽しんでこそ運もつかみやすくなります。だから、飽きたら飽きたで、また次の「やりたいこと」との出会いを楽しみに待つ。それでオッケーです。

「叶ったらうれしいこと」を100個書き出す

日々のちょっとした願望ってありますよね。

「ランチのあとにアイス食べたいな」とか「帰ったら海外ドラマ一気見したいな」とか、本当にちょっとした願いです。

夢や目標となると、叶えるのに多かれ少なかれ時間がかかりそうだし、そもそも夢も目標もない人もいると思いますが、これくらいの「叶ったらうれしいこと」なら、いくらでも思いつくのではないでしょうか。

ぜひ、それを100個、書き出してみてください。

前に「やりたいことを100個書き出すこと」をおすすめしました。

これは、自分の望みを書き出して可視化することで明確にすると、「他力アンテナ」が磨かれ、それを叶える力になってくれそうな人と出会ったときに、すぐに教えや助けを乞うことができるようになる、という話でした。

一方、本項でおすすめしたい「叶ったらうれしいこと100個」には、幸せのハードルを下げることで、本書でいう幸運の必須条件である「ご機嫌な状態」を増やす、という目的があります。

つまり、**「ちょっとした願望」であることが、ここでは一番大事**なのです。

リストを作るとなると、自分の中でかっこつけて、何か高尚《こうしょう》なことを書きたくなりますが、しょーもない願望も書き出すこと。

100個も書き出そうと思ったら、しょーもないこともどんどん書かないと、ぜんぜん足りません。 それに、「100個も挙げる」ことで、今までは自覚していなかった自分の小さな願いがどんどん明確になっていく。そこがポイントです。

しょーもない願望なら、すぐに叶っちゃう場合が多いでしょう。

そして、どんなにしょーもない願望でも、もちろん、叶えばうれしい。

こうして小さな願望が叶うたびに、ご機嫌な時間が増えていく。それだけ運がよくなっていくというわけです。

僕もパソコンで「叶ったらうれしいこと１００」を書き出しています。今、リストにあるものをいくつか挙げると……、

- コンビニスイーツ食べたい
- 家族と楽しく食事したい
- 季節の変わり目にお花を植えたい
-
-
-

ご覧のとおり、ちょっとしたことがズラリと並んでいます。

コンビニスイーツだったら、近所のコンビニに行けば、すぐに叶っちゃう。

花を植えるのだって、種を買ってくればすぐに叶っちゃう。

日常のことも改めて考えると、叶ったらうれしいことをしている。

それだけでご機嫌な時間が増えて、運が向く状態に自分を整えることができるのですから、試してみない手はないでしょう。

自分が何を望んでいるのかを自覚さえできれば、自分で自分の機嫌をとるのって意外と簡単なことなのです。

「たまたま聞いた情報」にラッキーは隠れている

運がいいとは自分の実力以上のことができちゃうこと。

そのためには、**「自分に役立ちそうな話」をマメに察知できるよう、アンテナを立てておく**に越したことはないでしょう。

それは、どこに転がっているかわかりません。何もすごい学者や専門家、プロフェッショナルの話でなくても、今日、たまたま知り合った人に聞いた話に勇気づけられたり、参考になることが見つかったりすることもあるのです。

つい先日、僕は「学生時代、野球をやっていました」という人と知り合いました。野球を始めたばかりの人や、自分の子どもがリトルリーグにいるという人だったら、この人の話に食いつくのは自然なことでしょう。すぐさま、バッティングのコツなど質問攻めにするはずです。

でも僕は野球をしません。正直、これからやってみたいとも思わない。だからといって、この人の話には自分に役立つところがないかといったら、そうとも限りません。どこに学びの糸口があるかは、もっと話を聞いてみないとわからないのです。

そこで僕は一歩踏み込んで、「バッターボックスに立つときって、どんな気分なんですか？『さあ、やってやるぞ！』という感じなのか、それともやっぱり緊張します？」と聞いてみました。

彼の答えは、次のようなものでした。

「とにかく積極的に行こう、見逃し三振なんて消極的なことはやらないようにしよう、という感じでした。監督が結果よりも積極性やがんばりを重視する人だったので、見逃すよりは、空振りでもいいから思いきりスウィングしようと思っていました」

このとき僕が何を思ったか。

「思いがけず、挑戦するときの心得を教えてもらった！」

「結果より積極性や努力を見る監督も素敵だし、それに応える彼もかっこいい！」

ということでした。

次に何かに挑戦するとき、きっと僕は、この人の話を思い出して勇気づけられ、「とにかく積極的に行こう」と思えるでしょう。野球をやらない僕でも、野球をやっていた人の話が大いに参考になったわけです。

思いがけず「自分に役立つ話」に出会うのって、すごくラッキーなことですよね。

人はみな、それぞれにいろんなことを経験していて、それぞれに人生訓があるもの。

だから、何も世に知れた人でなくても、ちょっと人の話を深掘りすることを心がけるだけで、身のまわりを、「思いがけず役立った！」というラッキーだらけにすることもできるのです。

「自分の長所」を認めると欲しいものが手に入る

自分の長所を認める。短所を認めるのは簡単ではないけれども、長所だったらいくらでも認められる、楽勝だと思うかもしれません。

ところが意外と、人は短所には自覚的でも長所には自覚的でなく、人に指摘されてもなかなか認められないものなのです。

現に、「謙遜」がクセになっている人はすごく多いと思います。人から褒められたときに、反射的に「いえいえいえ！　そんなことないです」などと返したことのない人は、おそらくいないでしょう。

僕のセミナーでは、よく「ポジティブフィードバック」というグループワークをします。グループ内で、なんでもいいから互いを褒めるというワークなのですが、１つだけルールがあります。

褒められた人は、必ず「ありがとうございます」と言わなくてはいけません。どんな褒め言葉も「そんなことありません」と否定せずに、指摘してもらえた感謝とともに受け入れるということです。

このワークをすると、人はいかに自分の長所を受け入れづらいのかが、よくわかるのです。

実は僕もそうでした。もう20年以上も前の話なのですが、知人を介したセミナーでポジティブフィードバックのグループワークに参加したときのことです。

当時、僕は父が経営していた会社でマーケティングを担当していました。

それがかなりうまくいって、会社の業績がぐんぐん上がっていたころだったので、「マーケティングにかけては俺の右に出るヤツはないだろう」というくらい自信を強めていました。

だから、ポジティブフィードバックのワークでも、「マーケティングの天才ですね」といった褒め言葉には、素直に「ありがとうございます！」と言えました。むしろ「もっと言ってくれ」という感じだったんです。

ところが、ある人がふと「本田さんは、爽やかですね」と言ってくれたときに、ぐっと言葉に詰まって、冷や汗みたいな変な汗がどっと出ました。それまではホイホイ「ありがとうございます！」と言っていたのに。

たまたま僕が振り分けられたグループは、僕以外、全員20～30代の女性でした。

当時の僕はといえば、彼女が欲しいけど、「背は低いし、ファッションセンスのカケラもないし、トークもダメ。お金がなかったら、女性と付き合う資格なんてありません」みたいなセルフイメージでした。

だから、妙齢《みようれい》の女性に「爽やかですね」なんて褒められて当惑してしまったのです。

でも、褒められた人は「ありがとうございます」と返さなくてはいけないというのが、ポジティブフィードバックのルールです。なんとか絞り出すようにして「あ、ありがとうございます……」と言いました。

すると、その2週間後に驚くべきことが起こりました。

念願の彼女ができたのです。

自分でもびっくりすると同時に、すごく腑《ふ》に落ちるものがありました。

当時の僕は、おそらく仕事における自分の長所は認めていたけれども、誰かと深く付き合う人間としての長所には、認めるどころか、ほとんど目を向けてこなかったんだと思います。

だから**「爽やかですね」と褒められたときも、素直に「ありがとうございます」と言えなかった。でも、まず言葉だけでも「ありがとうございます」と受け入れたことで、「爽やか」という一面が自分にフィードバック**されました。

こうして人が見出してくれた長所を自認できて、ようやく、それが実際の人間関係でも磨かれ、花開いたことが、念願の彼女ができることにつながったのでしょう。

ほかにも理由はあるかもしれませんが、ポジティブフィードバックの直後に彼女ができたというタイミングを考えると、やはり、自分の長所を認められたことが一番大きいと思います。自分の長所を認めることには、こんなにすごい効果があるのです。

すべてに
「ありがとうございます!」と
応えてみてください

もしも、みなさんに「ずっと欲しいけど手に入っていないもの」があるのなら、それを手に入れるにふさわしい一面が自分にあることを、まだ認めていないことに一因があるのかもしれません。

もちろん、理想と現実の差分を埋める向上心と努力も大切です。ただ、「自分には、それを手に入れるにふさわしい一面がある」と認めることができてこそ、向上心や努力も最大の効果を発揮すると思います。

では、長所を自分で認められるようになるには、どうしたらいいでしょう。

友人などを集めて「ポジティブフィードバック」のワークをするのもいいと思いますが、もっと日常的にできる方法もあります。

まず自分から、周りの人たちの長所を見出し、褒めるようにするといいのです。

自分からどんどん周りの人たちを認めていくと、周りの人たちもどんどん自分を認めてくれるようになります。僕の感覚値ですが、**10人くらい褒めたら、最低でも、そのうち1人くらいは褒め返してくれる**でしょう。

その人のいないところで褒める、陰口ならぬ「陰褒め」というのがあります。

この「陰褒め」で聞いたことをその人に伝えるのもおすすめです。

直接褒められるよりも、「○○さんが、あなたのこんなところがすごいって褒めてたよ」と間接的に褒められたほうが、「自分がいないところで褒めてくれてたんだ……」とうれしく感じるものです。人を介してお世辞を言う人はいないので、「陰褒め」のほうが、より真実味が出るのでしょう。

何も改めて「ワーク」として実践しなくても、ポジティブフィードバックは、日常生活の中でも自然な形で実践できるのです。


ここで気をつけたいのは1つだけ。

謙遜グセがついていると、人から褒められたときに、つい反射的に否定しがちです。そうなると、せっかく褒めてもらった一面が自分にフィードバックされず、長所を認められないまま、今までとほとんど何も変わらないことになってしまいます。

だから、誰かに褒められたら「ポジティブフィードバック、きた！」と思って、「ありがとうございます」と返すことをめちゃくちゃ意識してください。最後に「うれしいです」と付け加えられたら完璧です。

所有権は「一番喜ぶ人」のところにくる

欲しくても、なかなか手に入らないもの、誰にでもあると思います。

それが手に入るかどうかを決するのは、能力などよりも、「どれだけ欲しいと思っているか」。結局、それを手にして「一番喜ぶ人」のところに、やってくるようになっているんじゃないかと思います。

ここで思い出すのは、僕が高校生だったころの日本史の先生です。

その先生は「歴史好きが昂《こう》じて先生になった」みたいな人で、ある日、火縄銃の伝来が授業のテーマになったときも、ものすごい熱量で語っていました。

あまりにも楽しそうに火縄銃について話す先生の姿を見て、僕は、あることを思い出しました。実は僕の家に、おそらく父が骨董《こっとう》屋か何かで手に入れてきたであろう、本物の火縄銃があったのです。

そこで授業後、「先生、うちに火縄銃あるよ」と言ってみたら、目をキラキラさせて「本当か？　ぜひ見てみたいな！」と言うので、翌日、自宅の押し入れにしまい込まれていた火縄銃を新聞紙でぐるぐる巻きに包んで地下鉄に乗り、学校に持っていきました。

今、考えると銃刀法違反でしょうか。もう時効だと思うのでご容赦ください。

先生は、まさに宝物を目にするように火縄銃を愛《め》で、触れていました。その感動している様子を父に話したら、「そんなに喜んでもらえたんだったら、先生に預かってもらって、授業で使ってもらえば？」と言います。

翌日、「先生、よかったら僕が卒業するまで預かってくれませんかって父が言ってました」と伝えると、先生は泣き出さんばかりに「本当にいいのか？　ありがとう」と言って大切に持って帰りました。

それからしばらく経った、ある日。その先生が「本田くん……、ちょっといいかな。謝らなくちゃいけないことがある」と申し訳なさそうに言ってきました。

話を聞いてみると、「あの火縄銃なんだけど、あまりにも素晴らしくて、磨いてしまったんだ。君のお父さんは、アンティークな感じを保ちたいかもしれないのに……。本当に、申し訳ない！」と言います。

どうやら火縄銃が好きすぎて、つい磨いてしまった、ということのようです。

「いやいや、そんなの大丈夫でしょ」と思いつつも、父に確認すると、案の定、「ぜんぜん気にしてない」とのこと。先生に伝えると、心から安堵《あんど》した様子でした。

それからさらに月日は過ぎ、いよいよ僕が卒業する日が近づいてきました。

先生は授業や廊下で僕と会うたび、「そろそろ本田くんともお別れだね……」と名残惜しそうにしています。言葉ではそうなのですが、先生の本心が「そろそろ火縄銃ともお別れだね……」であることは明白でした。

その様子をまた父に話したら、「だったら、あげちゃえば?」と軽く言うのです。**「うちにあっても、また押し入れにしまい込んじゃうだけだから。それよりも、本当に好きな人が持っていたほうがいいよ」**と。たしかにそのとおりでした。

それを伝えたときの先生の様子は、もう言わずもがなでしょう。

それこそ涙を流し、飛び上がらんばかりの喜びよう。

卒業アルバムでは、その先生が満面の笑みで火縄銃を手にしています。

その姿を見たら、なんだか僕までうれしくなってしまいました。

「先生に所有してもらえることになって、火縄銃も幸せだろうな」と心から思えたし、何より他者の喜びが自分の喜びになった瞬間を味わいました。もちろん、その様子を僕から聞いた父もうれしそうでした。

このエピソードを通じて僕が何を言いたいのかは、もう伝わっていると思います。

先生は、まず火縄銃について熱く語って愛情を示し、偶然にも教え子に実物を見せてもらい、預かっている間には、なんと好きすぎてピカピカに磨いてしまった。

これほど喜んだことで、本来は手にするはずのなかった火縄銃を、ずっと手元に置けることになったわけです。

やっぱり、所有権は一番喜ぶ人のところにくる。「好き」のパワーって、本当にすごいですよね。もちろん先生は狙ってやったわけではありませんが、その姿には大いに学べるところがあると思います。それは、喜び上手になろう、ということ。

ポジティブな感情表現は、豊かであるに越したことはありません。

何かを手にしてうれしいときは、うれしさを爆発させる。喜びを伝える。

すると、「この人は、こういうものがうれしいんだ」「こういうことをすると喜ぶんだ」と周りに伝わり、「他者の喜びは自分の喜び」という心理も手伝って、もっと与えたくなります。

このように、素直に「喜ぶ心」「喜びを表現する力」があると、運が味方してくれます。つまり、他者を介し、めぐりめぐって欲しいモノやコトがやってくるようになる。自分の努力の範囲「外」で、望みが叶っちゃうというわけです。

昨日より「ちょっとだけ」よければオッケー

誰も、本場メジャーリーグでも実力を発揮している稀代《きたい》の逸材、大谷翔平選手にはなれません。イケメンで歌手としても俳優としても活躍している福山雅治さんのようになるのも難しいでしょう。

彼らは極端な例としても、目標とする人と自分とのギャップが大きすぎて、絶望しそうになったことがある人は多いのではないでしょうか。

目標とする人がいるのは素敵なことです。

ただし、これは、その人の背中をワクワクしながら追いかけているのなら、という条件つき。目標が自分を責めたり罰したり、自信喪失させたりすることにつながってしまっているとしたら、本末転倒といわねばなりません。

ここは少し見方を変えてみてはいかがでしょうか。

その目標とする人になれなくても、何か真似できることはあるはずです。1つでも2つでもいいから真似してみれば、それだけ目標に近づいたということ。何もしない状態と比べれば、確実によくなっているわけです。

そう考えれば、大谷選手や福山さんですら、決して遠すぎる存在ではなくなります。大谷選手のような恵まれた体格や野球の能力は身につけられなくても、大谷選手がずっと心がけてきたという「ゴミ拾い」なら真似できるはずです。

あるいは福山さんのような恵まれた容姿、歌や演技の能力は身につけられなくても、福山さんをよくよく観察していたら、そのファッションセンスやトークセンスのヒトカケラくらいは真似できるところが見つかるはずです。

もちろん、ゴミを拾っても大谷選手にはなれませんし、ファッションやトークを真似ても福山さんにはなれません。でも、**何か1つでも2つでも真似をすれば、真似する前の自分よりは確実によくなっている。それだけは間違いありません。**

そのことを褒めましょう。昨日の自分よりも「ちょっとだけ」よくなっていれば、それでオッケーなのです。

日本では、とかく減点方式で人を評価しがちです。「ちょっとした前進」を評価するのではなく、「いかに至らないか」を指摘されるようなことばかりです。

学校でもその傾向が強いし、会社でもその傾向が強い。となれば、自分で自分のことを評価する際も、多くの人が減点方式を採用しているのは無理もありません。

でも、この減点法、決して人を幸せにしません。足りないところにばかりフォーカスしていては、当然でしょう。だから自分を罰したり責めたり、自信喪失させたりする人が多くなる。なんともったいないことでしょうか。

運をつかむ方向へと自分をドライブしてくれるものは、前向きなマインドです。

つまり、ご機嫌な時間を増やすということ。だから、今後はガンガン加点方式で行きましょう。ほんのちょっとの前進を自分でことほぐ。褒める。「よくやった、自分！」と認めてあげるようにしてください。

かっこつけても運は上がらない

僕は自転車が好きで、自分で言うのもなんですが、けっこう高価な自転車（ロードバイク）に乗っています。

空気抵抗の少ない本格的なヘルメットに、サングラス、ピチピチのウェア。

そんな格好で、かなりの距離を走るのですが、何しろウェアがピチピチなので、ちょっとでもお腹が出ていると、同好の人々に「大して走れないぽっちゃりおじさんが、金に物を言わせて高級バイクを買ったんだろうな」と思われそうです。

それは不本意すぎます。やっぱり、やるからには、自転車で疾走して自分が気持ちよくなるだけでなく、「かっこいい自転車乗り」に見られたい。もちろん筋肉をつけたほうが、サイクリングのパフォーマンスが上がるのは言うまでもありません。

ただし、現状から一足飛びにかっこよくなるのは難しい。格好がつくまでは、「かっこ悪い過程」を経《へ》なければなりません。僕は、まず、この現実を受け止める必要がありました。

というわけで、近所のパーソナルジムに通うことを決めた僕は、初日、正直にトレーナーに言いました。

「ぽっちゃり体形だとロードバイクで格好がつかないので、鍛えたいんです」

本当にかっこよくなりたいのなら、かっこつけている場合ではありません。かっこ悪くても正直になったほうが、より早く目的を果たせるというわけです。

するとトレーナーが、「わかりました。まずお腹まわりですね。ほかにありますか?」と言うので、「実はハムストリング(裏もも)の使い方がわからなくて……」と、また正直に伝えました。

これは正真正銘、サイクリングのパフォーマンスを上げるための相談でした。

ハムストリングをうまく使えると、ペダルを漕ぐときの効率性がよくなって、スピードも持久力も上がるといわれています。ただ、闇雲に使おうとすると太ももが筋肉痛になるだけでパフォーマンスは上がらないという、難しい部位でもあるのです。

お腹まわりをすっきりさせる。ハムストリングを鍛える。

かっこつけずに、正直に悩みを打ち明けたので、僕は、おそらく最速で目的を果たしつつあります。

お腹はだいぶスッキリしてきたし、ハムストリングも順調です。

実はハムストリングをうまく使うには、足首を柔らかく使う必要があります。ジムに通って初めて知ったことですが、そこを意識したら、めちゃめちゃパワーが出るようになったのです。

サイクリングコースですれ違う自転車乗りたちを見ていても、うまい人ほど足首が柔らかく動いているのが見て取れて、また納得でした。

こんなふうに効果を実感すると、改めて、最初にかっこつけなくてよかったな～と思います。

見栄を張らずに、かっこつけずに、正直に自分の悩みを打ち明ける。「本当は、こうなりたい」「そのために、あなたには、こんなふうに力になってもらいたい」という「下心」を包み隠さず明かしてしまいましょう。

これが、他力を最大限に活用し、自分の実力以上のことができちゃうようにしていく秘訣です。

今できないのは「やり方を知らない」だけ

理想とする自分になかなか近づけなくて、失望しそうになることって、ありますよね。

「なんで、まだこんなことができないんだろう」

「もしかして自分は無能なんじゃないか」

「努力が足りないんじゃないか」

なんて自分を罰したくなるかもしれませんが、ちょっと考えてみてください。

理想とする自分に近づけない、何かが「できない」のは、はたして能力が足りないせいなのでしょうか。

僕は、そうではないと思っています。能力が足りないのではなく、**ただ、「やり方を知らないだけ」という場合も多い。**いや、多いどころか、ほとんどの場合、そうなんじゃないかと思うのです。

日本の小学校では九九を習いますよね。

「8×8＝64」なんて答えが瞬時に出てくるのも、九九を知っているおかげです。

そこで「8＋8＋8＋8＋8＋8＋8＋8」の計算をする人は、ただ九九を「知らないだけ」に過ぎません。「64」という答えをすぐに出せるかどうかは、九九を知っているかどうか、これに尽きるわけで、能力差ではないのです。

スマホのアプリのようなもの、といってもいいかもしれません。同じスペックのスマホでも、どのアプリを入れるかによって、できることは変わってきます。

人間も同様、何かができるかどうかは、個々のスペックの違いではなく、必要なアプリが入っているかの違い。つまり個々人の能力差ではなく、やり方を知っているかどうかの違い。

そういうことが、あらゆるところで起こっているのではないでしょうか。

もちろん音楽的な才能、芸術的な才能など、この世には特定分野の比類なき天才も存在します。絵の描き方を知っていても、誰もがピカソになれるわけではない。たしかにそうですよね。

でも、実のところ、そういうケースのほうが稀であって、やはり「やり方を知っているかどうか」にかかっている場合が大半ではないかと思うのです。

となると、こうも言えます。

「今、できないのは、やり方を知らないだけ」。ならば、「やり方を知れば、できるようになる」。

いかがでしょう。そう考えると、自分を罰する必要などないと思えてきませんか。

これが非常に重要な一歩です。

すでにくり返しお伝えしているように、本書の運のつかみ方では、ご機嫌な状態でいることが不可欠です。

「なんでできないんだ」などと自分を罰するクセのある人は、それだけご機嫌な時間が少ないということなので、まず、そのクセから脱する必要があるというわけです。

できない自分を罰して塞ぎ込むよりも、「やり方を知る」ために、積極的になれたほうが、ずっと運を味方につけることができるでしょう。

手当たり次第にハウツーを調べてみるもよし。「知っている」人にグイグイ接近してノウハウを手に入れるもよし。1つでもいいから、真似できそうなことから試してみるもよし。

もし一人の人間や1つのメソッドで「やり方」を知ることができなかったとしても、世界は広く、頼れる他力は無数に存在します。またほかを当たればいいでしょう。

自分を罰することをやめて、こんなふうに前向きになればなるほど、積極的になればなるほど、運の扉も開いていくというわけです。

嫉妬の相手に秘訣を聞く

セミナーや書籍で僕のことをご存知の方にはおなじみの話かと思いますが、学生時代、僕はまったくイケていませんでした。

背は低いし、ファッションセンスもない、トークもダメ、かといって勉強ができるわけでもスポーツができるわけでもない……と、彼女が欲しいのは山々なのに、モテる要素ゼロだったのです。

そんな僕からすると、モテるやつらは羨望《せんぼう》、からの裏返しで嫉妬の対象でしかありません。

そのくせ、謎にプライドだけは高かったから、彼らのことを素直に認められない。「なんだあいつら、チャラチャラしやがって」なんて心の中で毒づきながら、苦々しい目で眺めていたわけです。

でも、今、振り返ると思います。「もったいないことしたな～」と。

僕はモテたかった。彼女が欲しかった。そしてクラスメートには、モテるやつも彼女がいるやつもいた。すぐ近くに、よきお手本がいたのです。にもかかわらず、そこから学ぼうとしなかったのは、今思うと、宝の持ち腐れでした。

「ねえねえ、なんで君はそんなにモテるわけ？　今の彼女とは、どうやって付き合えることになったの？　教えて！」と素直に教えを乞うていたら、僕の学生時代は、ひょっとしたら、バラ色だったかもしれません。

いくら教えを乞うても、いきなりモテモテになっていただろうとは思いません。

それでも、モテる同級生の真似を少しすることで、ちょっとは近づくことはできたはずです。立ち居振る舞いが少しかっこよくなったり、カラオケで「うまいじゃん」って言われたり、ちょっとだけおもしろい話ができてウケたり……。

モテる同級生と100パーセント同じにはなれなくても、たとえバラ色の学生生活にはならなくても、ほんのちょっとの変化を起こすことで、だいぶ違っていたんじゃないかと思うのです。

当時の僕が目の前にいたら、「嫉妬している暇があったら、彼らから学びなよー」と言ってあげたいですね。

嫉妬心にかられて学ぶ機会を逸するのなんて、もったいなすぎる。

それに、嫉妬は苦しいものです。嫉妬心をこじらせて、心が焦げ付くような思いをしつづけるよりも、さっさと素直に秘訣を聞いちゃったほうがラクなのです。

嫉妬することが悪いのではありません。

誰かに嫉妬を感じるのは、そこに「自分のなりたい姿」が現実のものとしてあるからです。自分よりも先に「自分のなりたい姿」になっている人がいる。自分はまだその姿になれていない……だから苦しくなってしまうわけですね。

誰かに嫉妬したら、「ああ、そうか、自分はこの人みたいになりたいんだね」と理解してあげてください。

すぐにそう思えなくてもかまいません。嫉妬心から「なんだアイツ、ムカつく！」と、ひとしきり毒づいてもいいでしょう。でも、そのまま自分を嫉妬心の業火《ごうか》の中に放置したら、いずれ燃え尽きてしまいます。

だから、いい加減のところで、「ああ、そうか、自分はこの人みたいになりたいんだな」と捉え直してあげる。すると、「今度、秘訣を聞いてみようかな」という気にもなれるでしょう。

そこが明るい未来の始まり。他力を頼って運をつかむ人生が加速していきます。

5章

後悔しても「未来まで悲観」しない

うまくいかないときに、
どうするか

愚痴も弱音も「我慢は不健康」

生きていれば、いろんなことがあります。

時には、思うようにならないイラつきから愚痴を言いたくなったり、不安に苛《さいな》まれて弱音を吐きたくなったりする。当然です。

いろんな感情を自分の中だけで処理できればいいのですが、なかなか、そうもいかないときがあるでしょう。

愚痴や弱音は、生きるうえで欠かせない「息継ぎ」のようなものだと思います。

ただ、この息継ぎは「おなら」のようなものでもある。つまり、「健康のために出す必要はあるけれども、**出す時と場所は選ばなくてはいけない**」ということです。

混んでいるエレベーターの中でおならをしたら大迷惑ですよね。それと同様、愚痴や弱音も、いつ言うか、どこで言うか、そして誰に言うかを考慮せずに撒《ま》き散らしたら大迷惑です。

くり返しお話ししているように、運がいいとは「自分の実力以上のことができちゃうこと」であり、そこにはたいていい人が介在しているものです。

そう考えると、時と場所、相手を考えずに愚痴や弱音を撒き散らし、周りの人に迷惑をかけるばかりでは、運が下がることに直結するといってもいいでしょう。それは避けたいですよね。

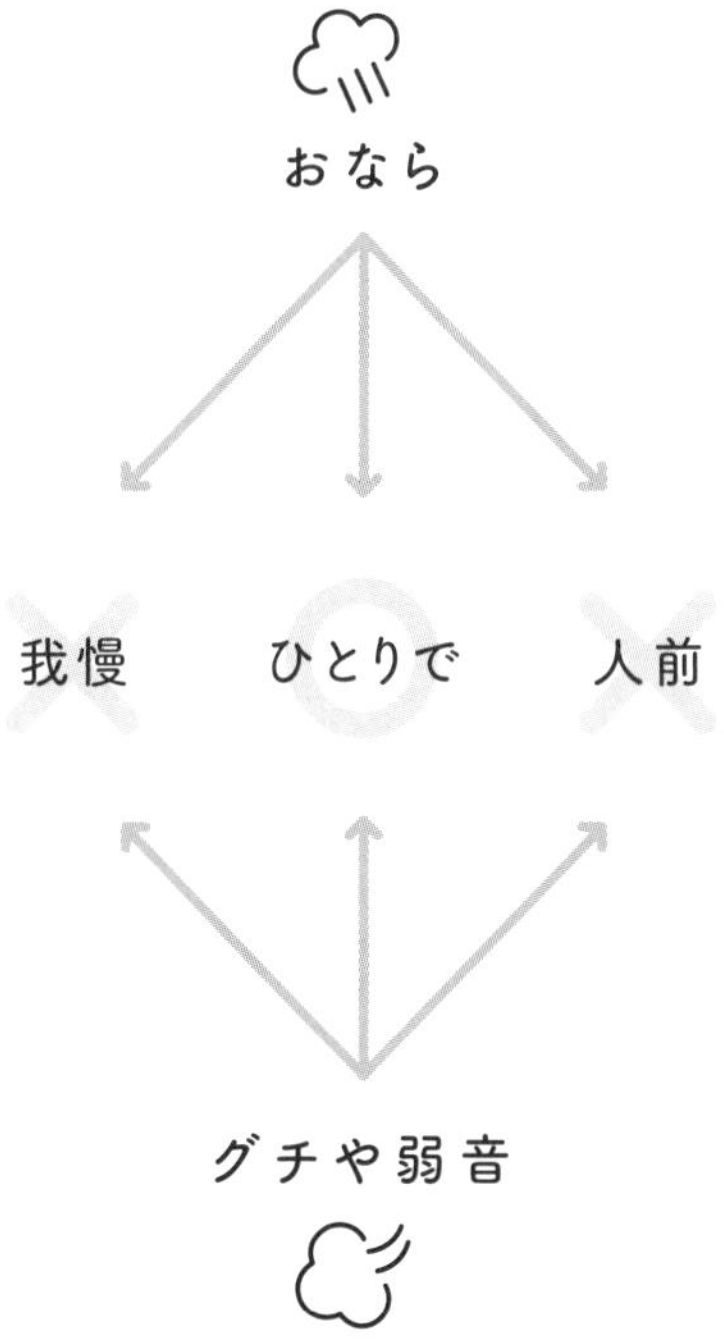

まず、愚痴や弱音を吐きたくなったら、とりあえず紙にダーーーッと書き出すといいでしょう。もちろんスマホのメモアプリや、パソコンでもかまいません。これで成仏する場合も意外とあるものです。そうなったらもう解決ですね。

もちろん、書き出しただけでは収まらないことも想定内です。

その場合は、放出しちゃいましょう。

ただし、愚痴や弱音は「おなら」と同じということはお忘れなく。

「愚痴も弱音も言っちゃいけない」と抑えつけるのは、おならを我慢するのと同じで、不健康になってしまいます。でも、いつ言うか、どこで言うか、そして誰に言うかには考慮が必要です。

パートナーや、ごく親しい友人など、受け入れてくれそうな人に**「ごめん、今日はちょっと愚痴っぽくなっちゃうかもしれないんだけど、いいかな。聞いてくれる？」**とお伺いを立て、「いいよ」と言ってもらえたときに限り、放出します。

そして最後は必ず「聞いてくれてありがとう」ですね。また、会うたびに愚痴・弱音ばかりでは相手を疲弊させ、距離を取られてしまう恐れもあるので、愚痴・弱音を吐く頻度や程度にも気遣いが必要です。

もう1つおすすめなのは、**ちょっと想像力を使って、「みんな何かしら抱えているんだな」と思うこと**です。

いつもうまくいっているように見えるあの人も、いつもキラキラしているあの人も、幸せそうで悩みなんてなさそうなあの人も、本当はいろいろと大変なことがあって、ネガティブ感情を抱えながら生きているはずです。

SNSに投稿されているキラキラシーンも、キラキラしてる部分だけ投稿していて、そうでない部分は投稿しないものです。

ただ、社会のマナーとして、そういうのは「ない」ことにしないと前に進めなくなってしまうから、表には見せていないだけでしょう。

そこに気づいて「愚痴や弱音を吐きたくなるのは自分だけじゃないんだ」と思うだけでも、ぐんと気がラクになるかもしれません。

悪口が言いたくなるのは「愛情があるから」

愚痴や弱音は時と場所、相手を選べば放出していい一方、悪口はよくありません。

ほぼ間違いなく運が下がります。特に陰口は、いくら「ここだけの話」と言っても、必ず本人の耳に入ると思っておいたほうがいいでしょう。

ただ、悪口を言いたくなったときに、「言っちゃダメ」と抑えつけるのは自責にもつながりかねず、不健康です。悪口を放出せずに成仏させる方法が必要ですね。

ここは、悪口を「書き換える」のが一番いいでしょう。

そもそも、なぜ悪口は生まれるのか。

極端なことを言えば、**ミジンコの悪口を言う人はいないでしょう。ミジンコにはなんの関心もなければ期待もない**ので、悪口を言うポイントがありません。

つまり悪口とは、相手に対する期待の裏返しなのです。「こういう人になれるはずだ」という期待があるから、そうではない（ように自分には見える）相手の現状に対して悪口を言いたくなるわけです。

これって、めちゃくちゃ愛情深いと思いませんか。

かのマザー・テレサは、愛情の反対は無関心であると言いました。

相手になんの関心もなければ、その人の可能性に目を向けることも期待することもないので、悪口は生まれようがありません。

裏を返せば、悪口を言いたくなること自体、それだけ相手に関心があり、可能性に目を向けており、期待しているということ。まとめていえば、愛情があるということなのです。

こんなふうに、悪口というものを自分の中で書き換えてみると、大きな変化が起こります。出発点は悪口だったものが、悪口ではない形でアウトプットされるようになるでしょう。

最初は口汚く罵《ののし》りたかったとしても、そこに相手に対する自分の愛情が含まれていることに気づくと、自然と、悪意ではなく愛情としてアウトプットすることを選ぶようになるのです。

「自分って超愛情深いじゃん。だったら悪口でなく、愛情が伝わるような別の言い方があるはずだよね」と。

そして自分の愛情に気づき、改めて愛をもって相手を眺められるようになると、相手のいいところにも目が向くようになるでしょう。

こんなふうに、まるでオセロがパタパタと一斉に黒から白にひっくり返るみたいにして、悪口を生んでいた意識がポジティブに転じていきます。

これで人間関係がよくならないはずがありません。もとは悪口の対象だった人との関係すらもプラスに好転させることで、自分の周りはホワイトな人間関係だらけになり、またさらに運がよくなっちゃうというわけです。

怒りの根っこにある「悲しみ」を知る

ネガティブな感情の処理法の一番のお手本は「子ども」だと思います。

子どもって、瞬間的に機嫌が悪くなれば、よくもなりますよね。

さっきまでギャン泣きしていたかと思うと、もうケラケラと笑っている。こんなふうであれたら、いつまでもネガティブ感情にとらわれて苦しい思いをすることもないのに……と、よく思うのです。

もしくはイタリア人。この人たちも、すぐに機嫌を直す達人です。

前にイタリアを旅したときに気づいたのですが、イタリア人の運転ってすごく荒いんです。曲がりくねった狭い道路でも、ものすごいスピードで飛ばすし、クラクションはビービー鳴らすし、ギャンギャン怒鳴る。

その瞬間はめちゃくちゃ機嫌が悪く見えるのですが、次の瞬間にはカラッとしているのです。

なんというか、彼らは、あらゆる自分の感情を否定していないという印象。だから**腹が立ったらストレートに表現するし、発散することで、それだけ機嫌が直るのも早い**気がするのです。

そんな子どものような、あるいはイタリア人みたいな機嫌の直し方を即インストールできたらいいのですが、日本で生まれ育った大人として、いきなりそうなるのは難しいと感じる人も多いでしょう。

まず、自分の感情を理解することが大切だと思います。

「怒り」という感情は何に起因するものなのか。それは「悲しみ」です。

「本当はこうであってほしい」、それなのに「なぜ、あなたはそうなってくれないのか」ということが悲しくたまらない。それが「怒り」という感情となって表に出てきているのです。

たとえば先日、自宅の近所で、僕は走行中の車に接触されそうになりました。瞬間的にカッときて、その車が過ぎ去った方向に怨念のように怒りの感情を向けたのですが、その根底には、やはり悲しみがあります。

自宅の近所ですから、当然、子どもたちもしょっちゅう通る道です。もちろん心配なのは自分の子どもだけではありません。

その道を、あんな暴走まがいの車が通るなんて……。

もしそこに子どもがいたらと想像するだけで空恐ろしかったし、ともすれば子どもたちが危ない目に遭う可能性もある、ということが悲しかった。そのあまり、僕は瞬間的にカッとなったというわけです。

そんな怒りの感情を、まず自分で否定しないこと。「こんなことで怒っちゃダメ」などと無理やり抑えつけようとすると、ほかのネガティブ感情と同じく、自分の中でくすぶりつづけて決していいことにはなりません。

それこそ、**ストレートに怒りを表現する子どもやイタリア人のように、放出しちゃっていいでしょう。**

ひとり、心の中で「なんだよ、あいつ！」「バーカ！」「豆腐の角に頭をぶつけて死んでしまえ！」などと怒りをぶつけるのもいいですし、それでは気が済まなかったら、叫んでも大丈夫な場所に行って、思いきり怒りを声に出すのもいいでしょう。

放出
バーカ！
なんだよ！
でも悪いヤツ
じゃないんだ
よな…
イライラ
ムカムカ
放出しない
イライラ
ムカムカ

怒りを怒りのまま認識していると、このまま怒りつづけることになります。

でも先ほど説明したように、自分の怒りを「悲しみ」ベースで理解してあげると、ひとしきり怒りを放出したあとが違ってくる。ずっと怒りつづけるのではなく、その悲しい状況を解消するための対策を考えるようになるでしょう。

近所の暴走車に悲しくなった僕の場合だと、「たまにああいう車がくるから、子どもたちに気をつけるように言おう」「警察に伝えて、注意喚起するのも有効かもしれない」といった感じです。

ネガティブ感情を、まず自分で否定せずに受け入れる。そのメカニズムを理解し、必要ならば放出する。こうして気が収まるにつれ、一歩先の次善策を自然と考えるようになる。このパターンは、「怒り」においても同じというわけです。

そして怒りとは、悲しみであり愛情でもあります。

自分自身や故郷、自分の子どもを愛しているからこそ、悲しくもなり怒りにもなります。

怒りや悲しみを感じたとき、その根底にある愛に気づいてみましょう。それからもう一度発言してみると、ぜんぜん違うものになってきます。

人の怒りは「愛」に置き換える

自分が他者に対して抱いた「怒り」の対処法は前項で述べたとおり。

では他者が自分に向けている「怒り」とは、どう向き合ったらいいでしょうか。

前項で、「怒り」の根っこには「悲しみ」があると言いました。

それは他者の「怒り」も同じ。やはり「悲しみ」に起因しているわけですが、さらに一歩深めましょう。**他者の怒りは悲しみに起因し、その悲しみは「愛」由来であると理解すると、よりうまく対処し、人間関係の向上につなげられる**のです。


もう何十年も前ですが、僕は「ケチャップ強盗」に遭いかけたことがあります。

ある銀行の支店の窓口で少し大きな額を引き出したのですが、大金は奥の個室で渡されるのが通常のところ、その支店では窓口で札束を積まれてしまったのです。

窓口だと札束は丸見えです。そこで目を付けられたのでしょう、僕が銀行を出て別のビルに入り、エレベーターに乗ったところで3人組の強盗に囲まれてしまいました。

ケチャップ強盗とは、強盗のうちの1人がターゲットの服にケチャップをつけて「何かついてますよ」と声をかけ、ターゲットが気を取られている間に、もう1人の強盗が金品を密かに奪う、というもの。

エレベーターの中で、何か背中に違和感があって振り返ると、その3人組の1人が、今まさにケチャップを仕掛けたところでした。

背中に触れると、ベチャっとした感触。僕に気づかれた3人組は、エレベーターが停まった階で蜘蛛《くも》の子を散らすように走り去り、僕はケチャップで手をベチャベチャにしながら「強盗！」と叫び……という、ちょっとした騒ぎになってしまいました。

お金は無事でしたが、強盗に目をつけられたことには違いありません。そしてそれは間違いなく、衆目《しゅうもく》にさらされている窓口で札束を積んだ支店の落ち度です。


ふつふつと怒りが沸騰《ふっとう》した僕は、その支店にクレームを入れました。

ところが、支店の窓口担当は木で鼻をくくったような対応に終始。それればかりか、「その強盗未遂は当支店の外で起こったことなので、責任は置いかねます」とまで言い出しました。あまりの言い草に、ますます怒りは増大します。

その根底には、「窓口で大金を渡すと、客が危ない目に遭う可能性が高くなる。現に強盗に遭いかけた身として、それを伝えたいだけなのに、どうしてわかってくれないんだろう」という悲しみがありました。

そしてこの悲しみは、「大金は奥の個室で手渡すなどセキュリティ面を強化すれば、もっといい支店になるのに」という愛情に由来しているわけです。

ともあれ支店では埒《らち》が明かないので、今度は本店のお客様窓口にクレーム電話を入れました。支店とは打って変わって真摯《しんし》に耳を傾けてくれたのは、さすがです。

「おっしゃるとおりです」

「すべてそのとおりでございます」

「このことは支店にも周知徹底致します」

「お知らせいただき、ありがとうございました」

などなどの言葉で一応は怒りが収まり、電話を切りました。

すると翌朝。ピンポンと呼び鈴が鳴ったので玄関に出ると、スーツ姿の男性が2人。くだんの支店の副支店長と、窓口担当者でした。

彼らは平身低頭で「本田様、このたびは当支店の不手際でたいへん恐ろしい思いをされ、また、ご指摘への対応ではたいへんご不快を与えてしまったこと、申し訳ありませんでした」と謝罪をくり返し、封筒を差し出しました。

中身は、ケチャップをつけられたワイシャツの弁償として、銀座和光のスーツの生地と仕立ての商品券。
びっくりしました。と同時に、その瞬間に心底、自分の愛情が報われた気がして、怒りも悲しみも完全に成仏した気がしたのです。

誰かに怒りを向けられると、とっさの防御反応で、逃げ腰になったり、あるいは反発したり、とりあえず謝って事なきを得ようとしたりしがちです。しかし、そういう対応こそ、実は相手の怒りの火に油を注ぎかねません。

逃げ腰や反発、理解も真心もない謝罪では、相手は、その怒りの根底にある悲しみや愛情が理解されたと感じられないからです。理解されないのなら、もっと怒って理解させてやろうと、怒りが増大してしまうというわけです。

だから、誰かに怒りを向けられたときに、まず大切なのは、相手の怒りを生んでいる悲しみ、さらに根っこにある愛情の存在を認識すること。

すると謝罪の言葉も、自然と「とりあえず謝って怒りを鎮めよう」という浅はかなものではなく、**「そんなに悲しませてしまってごめんなさい」「こんなに愛情を向けてくれてありがとう」**という深いものになるはずです。

それが相手の心に届いたとき、相手は初めて「理解された」と感じ、怒りも鎮火していくのです。

怒っている人を、このように自分の中で「愛の人」に書き換える。そして相手の怒りに向けてではなく、相手の愛に向けて対応する。

この時点で、相手にとって自分は「悲しみと愛情を理解してくれる人」になるので、怒りが鎮火したあとは、いい人間関係になっていくだけでしょう。

ただし、これにも例外があります。

モラハラやパワハラをする人には付ける薬がありません。

理不尽な怒りや要求、暴力をも「愛情」に書き換えてしまうと、相手の術法に巻き込まれ、無自覚のうちに疲弊し、はては心身を壊しかねないのです。モラハラ、パワハラに遭ったら、そこでは斟酌《しんしゃく》はいっさい不要。全力で逃げてください。

自分にも「気づかい」を忘れずに

仕事でもプライベートでも、うまくいかないとき、つい人のせいにしたくなることもあるでしょう。

人に責任を押し付けても運は上がらないというのは、想像がつくと思います。かといって、人のせいにしたくなっている自分自身を責め、他責を自責に転じようとするのも、僕の考える運のつかみ方からすると、決していい方法とはいえません。

ではどうしたらいいでしょう。こう考えたらいいと思います。

最初は、「ぜんぶ人のせい」でいい。

ただし他責の念を人にぶつけたら禍根《かこん》が残るので、まず自分の中で、ひとしきり人のせいにしちゃえばいいのです。

たとえば、待ち合わせに遅刻しそうなとき。

もちろん悪いのは自分ですが、「時間どおりに行かなくちゃいけないのに」と思うほどにもどかしく、イライラが募り、はては相手のせいにしたくなります。「相手が、こんなに早い時間に設定したから遅刻しそうなんだ！」などと。

まったく理不尽なのですが、最初はそれでいいのです。

ひとしきり心の中で毒づくと、ちょっと気が済むでしょう。

そうしたら、今度は「遅刻をしそうになっていることにイライラしている自分」を褒めてあげます。そんな自分に褒めるべき点はないと思ったかもしれませんが、それがめちゃめちゃあるのです。

そもそも、なぜ遅刻しそうになってイライラしているのでしょうか。

「時間どおりに行きたい」という気持ちが、それだけ強いからですよね。1ミリもそう思っていなかったら、待ち合わせに間に合おうと遅刻しようと、気持ちは変わらないはずですから。

遅刻しそうなことに対するイライラは、「時間どおりに行きたい」という自分の誠実さの表れなのです。

これは十分、褒められてしかるべきではありませんか。「こんなにイライラしちゃってるってことは、それだけ時間を守りたかったたってことだよね。えらいね」と自分を褒めてあげてください。

ここまできたら、もう、あとは思考が好転していくだけです。次は同じ失敗をしないよう、自然と次善策を考えるようになるでしょう。たとえば、

「次は目覚まし時計をもっと早い時間にかけよう」

「朝早いときは、前の晩にすっかり準備を済ませて、朝起きたら顔を洗って着替えれば、すぐ出られるようにしよう」

「相手に朝早いのは苦手だと伝えて、時間を調整してもらおう」

というように。

最初からこんなふうに考えられたらいいのですが、誰も聖人君子ではありません。「自分が悪いのに人のせいにする」という理不尽な側面を、誰もが内包しているもの。そして、それは無理やり抑えつけようとするよりも、出しきって成仏させてあげたほうがラクになるものです。

「自分が悪いのに人のせいにする」という理不尽な自分すらも受け入れ、褒めることで、自責に転じることなく他責から解き放ってあげる。この全肯定マインドが、運をさらに強化する秘訣といっていいでしょう。

不安を感じたら、安心を再生する

人間の感情は、よくも悪くも増幅するものです。

不安にフォーカスすると不安が増幅されるし、安心にフォーカスすると安心が増幅する、という感じ。ＹｏｕＴｕｂｅで、過去に見た動画と似たような動画がどんどんおすすめとして表示されるのと同じですね。

前にもお話ししたとおり、ネガティブであること自体は悪くありません。僕たちが何かとネガティブになりがちなのは、「ネガティブだったからこそ生き延びることができた祖先」から受け継いだギフトと言っていいでしょう。

ただ、不安や苦しみにとらわれすぎると、どんどんそのループにはまって抜けられなくなってしまいます。

ネガティブになるのは悪いことではなく、自然なこと。そう受け入れたうえで、そのネガティブな感情を優しく成仏させる方法を知っておくといいのです。

僕は10代後半くらいまで、実は人間関係を築くことがとても苦手でした。友だちはいても親友と呼べるほど深い関係ではない。やっとできた彼女とも長続きしない。なぜなんだろうと考えていたら、小学校のころに3回も転校したことに思い当たりました。

3回ということは、平均で2年ごとに転校していた計算になります。新しい環境でせっかく友だちができても、ほんの数年で離れて、また別の環境に行かなくてはならない。そのたびに「ここで、うまくやっていけるのかな?」という不安に襲われます。

転校生って、最初は物珍しいからヒーローになれるんですよね。クラスメートはもちろん、時にはほかのクラスの子たちにも囲まれて「どこからきたの?」「前の学校はどんなところだった?」なんて質問攻めにされます。

でも、そんなふうに注目されている状態が続くのは、せいぜい数日~1週間くらいのもの。あっという間にヒーローから「平民」に格下げになってしまいます。そこで「うまくやっていけるのかな？」という不安が頭をもたげてくるのです。

「うまくやれるかな？」という不安が生まれるのは、「みんなと仲良くなりたい」という気持ちの裏返しです。どのみち、また転校することになるわけだし、最初から「仲良くなりたい」と思わなければ、そんな不安は感じずに済むわけです。

それに、どうせ数年で離れることになるのなら、せっかく仲良くなっても、そのぶん別れがつらくなるだけです。

こうなると幼心に達観めいてしまって、「最初からそんなに仲良くならなければいいんだ」と、無意識のうちに人間関係にブレーキをかけていたようなのです。

僕の場合、おそらく、それが人間関係に対する苦手意識につながっていました。僕にとって人間関係とは、いつしか「別れること前提」のものだった。それじゃあ、親友と呼べるような友人もできなければ、彼女とも長続きしなくても不思議ではありませんよね。

どうして自分は誰とも深い関係を築けないんだろうと考え、このように思い至ったので、僕はまず小学校のころの自分を慰め、安心させてあげることにしました。

「仲良くなれるか不安だったんだよね。本当は仲良くなりたかったけど、離れるときに悲しいのは嫌だから、仲良くならないようにブレーキかけちゃってたんだよね」と。

そして安心させるために、小学校のころの友だちとの楽しい思い出を、何度も、何度も脳内で再生しました。

「でもさ、よく○○くんの家にみんなで遊びに行ったじゃん。あの家は人数が増えてもカルピスが薄くならなくて、うれしかったよね。彼のお母さんが作ってくれた焼きそばとか食べながら、みんなでゲームしたのも楽しかったよね」

などなど。

すると徐々に人間関係にまつわる不安が消えていき、代わりに、誰かと親しくなるのっていいことだなと思えるようになりました。それに伴って苦手意識も解消していきました。

こうして、いつの間にか、いろんな素敵な人たちと親しくお付き合いさせていただけるようになったのです。

不安は不安を増幅させ、安心は安心を増幅させます。

僕は、人間関係に対する苦手意識の裏側に、人間関係にまつわる不安があると気づきました。だから、それ以上、その不安を増幅させないように、かつて人間関係で感じていた不安ではなく、安心のほうをくり返し再生したというわけです。

みなさんも、時には不安に苛まれることがあるでしょう。

僕と同様に、苦手意識の裏側に不安が眠っている場合も多いと思います。

そんなときは、最初は少し意識的に「安心」のほうにフォーカスするようにしてみてください。

「今度の仕事がうまくいかないかもしれない」という不安があるのなら、「仕事が成功したとき」の安心を、くり返し再生する。

「恋人とうまくいかないかもしれない」という不安があるのなら、「恋人と幸せに過ごしているとき」の安心を、くり返し再生する。

こんな感じです。

そうしているうちに、不安は小さくなる代わりに安心が増幅し、仕事とも恋人とも機嫌よく向き合うことができるようになるでしょう。これが、うまくいきはじめる出発点に立ったサインです。

「だらしない自分」が嫌になったら

ダイエットしたいのに甘いものを我慢できない、スナック菓子を食べはじめたら止まらなくなる、片付けられない……。

そんなとき、人は「自分ってなんてダメなんだ」と思いがちですが、運をつかみたいのなら、やはり自分を叩くのは禁物です。ここでも、まず、そんな自分を受け入れる→理解するというプロセスが有効です。

抱えている課題やネガティブ感情を無視して、強引に理想の方向へと持っていこうとするよりも、どんな自分でもまず受け入れ、理解することで、自然とその方向に進むようにするといいのです。

甘いものやしょっぱいもの、あるいはタバコやお酒、賭《か》け事など、依存性のあるものがやめられないとき、人は、自分に厳しくなりすぎる傾向があります。

また、日ごろ自分に厳しくしすぎていることが、「片付けられない」などの怠惰《たいだ》という形になって現れる場合もあるでしょう。

いずれにせよ、ここで必要なのは、そんな自分を受け入れ、「ひょっとしたら今まで、自分は自分に厳しすぎたのかもしれない」と理解すること。そのうえで、自分を労うことです。

特にがんばり屋さんは、すでに十分にがんばっていることに気づけず（認められず）、「もっとがんばらなくちゃ」と自分を追い立てがちです。

こうしてどんどん無理が積み重なり、やがて限界値を超えてくると、反動のようにして依存性のあるものにハマってしまったり、なぜか部屋を片付けられなくなったりするのです。

いったん立ち止まることができないと、ますます苦しくなってしまうでしょう。がんばり屋さんほど、自分を叩くクセがある。自分をいつも叱っている。その点にも自覚が必要かもしれません。何かがおかしいと思ったら、それまで自分に向けてきた矛を収めて、とにかく自分を労いましょう。

自分を労うというイメージが湧きづらかったら、いつもがんばっている親友を想像してください。

近ごろ、なんだか元気がなくて、甘いものやしょっぱいものなどの依存症みたいになっている。そんな親友に、「もっとがんばれ！」「立ち止まるな！」なんて言うでしょうか。言わないでしょう。

「ちょっと疲れてない？」「いつもがんばってるよね」「お疲れ様」「少し休んだほうがいいんじゃない？」などと気遣い、労うはずです。

それを、そのまま自分に向ければいいだけ。

すると、おかしな依存症や怠惰なども自然と治まっていくはずです。

運をつかむには、まず自分との人間関係を良好にすることが欠かせません。無理が重なって、何かの依存症っぽくなるなど、おかしなことになっているときは、こんなふうに自分を労えるようになるだけでも大違いです。

最後に1つ付け加えておきますが、ここで「あの人は、もっとがんばっているのに、それに引き換え自分は……」などと人と比べるのは、やめましょう。

がんばれる度合いやストレス耐性は、人によって違って当然だからです。

あくまでも自分ががんばれる範囲でがんばる。無理が祟《たた》ったら立ち止まって、自分を労う。そうしてこそ自分との関係が良好になり、すると他者との人間関係も良好になり、こうして運は上がっていくんだと思っておいてください。

ヘコむのは「自分の可能性」を信じているから

人間、気分に浮き沈みがあって当然です。仕事でもプライベートでも、うまくいかないことがあったら、がっつりヘコむ。これも当たり前のこと。すぐに立ち直って前進できないこともあるでしょう。

「ヘコんでいる場合じゃない。もっとがんばらなくちゃ」と自分を鼓舞して、本当にがんばれるときは、それでいいと思います。でも、鼓舞するほどにつらくなってしまうのなら、やっぱり自分を認めることが先決です。

そんなときは、ぜひこう考えてみてください。

ヘコむのは意欲がある証拠であり、自分の可能性を信じているということ。

「自分はこうなりたい」という意欲があり、「こうなれる」と信じているからこそ、そのとおりにならなかったときに、がっつりヘコむわけです。そうでなければ、うまくいかなくてもへっちゃらで、「やーめた」と放り出すでしょう。

がっつりヘコんでしまうくらい、意欲があって自分の可能性を信じている。

これって、すごいことです。

まず、そんな自分を褒めてあげてください。

前項と同様、「親友との会話」をイメージすると、実践しやすいと思います。

ヘコんでいるところから一向に浮上できない人は、たぶん、自分の中で、すごく意地悪なヤツとの会話をくり返してしまっています。

「やっぱりダメだな」

「向いてないんじゃないの？」

こんなふうに自分を叩いている。それを「優しい親友との会話」に書き換えちゃいましょう。

実は僕も、つい先日、ヘコむことがありました。

ＹｏｕＴｕｂｅのライブ配信の通知設定でしくじって、めちゃくちゃいい話をしたはずなのに視聴者数がぜんぜん伸びなかったのです。

「もっとたくさんの人に聞いてほしかった……」

「肝心なところでしくじるんだよな。俺ってダメだな……」

「こういうの、やっぱり向いてないのかも……」

はい、ヘコみました。もうライブ配信なんて、やめちゃいたくなるくらい。

でも、「こんなにヘコむってことは、それくらい多くの人に聞いてほしかったってことだし、自分の話が人の役に立てるって信じてたってことだよな。うわ、俺って意欲あるな～。素敵だな～」と自分を褒めてみたら、そこから思考が変わりました。

「長い目で見れば、今、しくじっておいてよかった。学習して次に生かせばいいな」

「次は、もっと早い時間に予告すれば、みんなも、そのつもりで予定を立てて確実にライブ配信に参加できるかもしれない」

「この失敗でがっつりヘコんで、そして立ち直ったという話を、今度の配信のネタにしよう」

こんな感じで、どんどん前向きな考えが生まれました。

うまくいかなかったときに自分を叩くと、「うまくいかない自分」が固定してしまいます。

でも、いったん自分をしっかり褒めると、自分の「なりたい姿」「なれると信じている未来像」がより鮮明になり、思考が自動的に「もっとうまくやる方法」へと方向転換するのです。

うまくいっているときは、放っておいてもうまくいくものです。運命の分かれ道は、うまくいかなかったときに、どうするか。運をつかめるかどうかは、それ次第で大きく変わってくるというわけです。

何事も悔いる必要はない

人はどんなときに「後悔」するのでしょう。

自分の選択が誤っていたと思ってしまったときに「こんな道を選ぶんじゃなかった」と後悔する。たしかにそうなのですが、もう少し本質的な話をすると、**後悔とは「未来を悲観している」ということ**だと思うのです。

たとえば、今の会社に入ったことを後悔しているとします。

でも、もし、よりよい環境があるに違いないと信じて転職活動をしていたら、どうでしょう。

そこにあるのは「後悔」ではなく、「未来に対する期待」のはずではないでしょうか。

もう1つ例を挙げましょう。

恋人と別れてしまったとします。次はきっと、もっと素敵な人と付き合えると信じていたら、元の恋人に未練はないですよね。「もっとこうしていれば別れずに済んだかもしれない」なんて後悔することもないはずです。

つまり、過去に何があろうと、少しでも未来を明るくしようと行動している人や、明るい未来を信じている人には、後悔がないはずなのです。

後悔とは過去に関するものではありますが、後悔が続くかどうかは、未来をどう捉えているかで分かれます。

同じ過去、同じ過ちでも、未来に対する期待がなければ後悔するし、未来に対する期待があれば後悔しないというわけです。

後悔しても
未来まで悲観しない

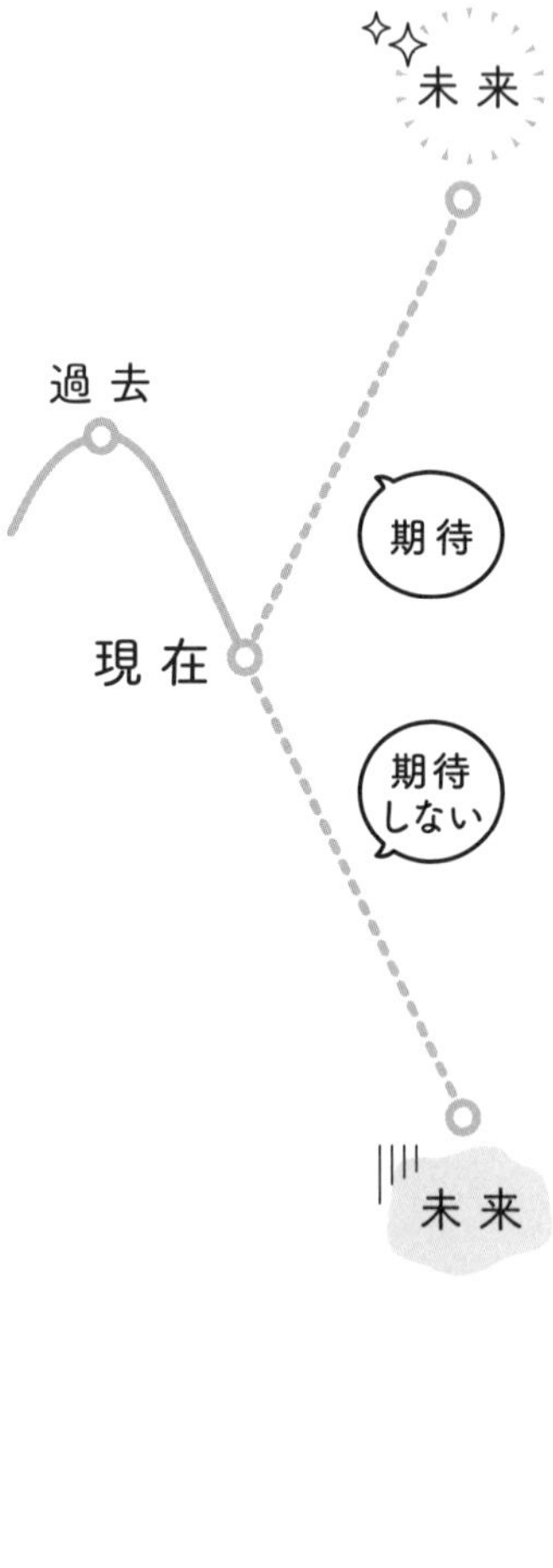

そして、このように「後悔」というものを捉え直してみると、実は何事も悔いる必要はない、ということも見えてきます。

なぜなら、過去を変えることはできないけれど、未来なら、自分の感情、意識、行動によって変えていくことができるから。どんな過去があろうと、未来をより明るくすることを考え、信じさえすれば、何も悔いる必要はありません。

後悔って、すごくエネルギーを使います。

エネルギーを使って自分を落ち込ませつづける。その状態では、当然、運をつかめるはずもありません。だったら、そのエネルギーを、未来をよりよくすることに使ったほうが絶対いいよね、という話なのです。

過去を悔いることが悪いわけではありません。

なぜ過去を悔いるかといったら、やっぱり、それだけ意欲があるからでしょう。

今の会社に入ったことを悔いるのは、それだけ、その会社に貢献したり、充実した社会人生活を送ったりしたかったから。

恋人と別れたことを悔いるのは、それだけ大好きだったから。

だから、「この会社でダメだったら、もうダメだ」「この人とダメだったら、もうダメだ」と、お先真っ暗に思えてしまう。「そうだったんだよね」と自分を慰めることも必要です。

でも、過去を悔やみつづけていては、どんどん苦しくなるだけだし、前に進めなくなってしまいます。だから、少しでも未来を明るくするために行動する。より明るい未来を信じる。これこそが、今後、後悔に苦しまない秘訣というわけです。

「やりたくないな」の対処法

「今日できることは今日やろう」とよく言いますが、どうしてもやる気が出ないときもありますよね。

「明日でいいか」「明日やろう」「明日こそやろう」――こんなふうに後回しにするということは、それだけ「やりたくないこと」をやろうとしているということ。では、なぜ、そんなにやりたくないことを、やろうとしているのでしょう。

「やらなくちゃいけないから」に決まっているだろう」という声が聞こえてきそうですが、いくら「やらなくちゃいけないこと」でも、その義務を放棄することだってできるはずです。なぜ放棄しないのでしょうか。

これも「愛」の為せる業《わざ》でしょう。自分がその義務を果たさないと、周囲に迷惑をかける。あるいは自分を幸せにできない。だから、本当はやりたくないけど、やろうとするのではないでしょうか。

たとえば奥さんが風邪で寝込んでいるから、自分が家事をすべてやらなくちゃいけない。正直、面倒ください。やりたくない。そこで放棄しようと思えばできるのに、がんばって家事をすべてやるのは、奥さんに対する愛情ゆえでしょう。また、「普段家事をこんなにがんばってくれてるんだな」と改めて気づくきっかけになるのも、愛がベースにあるからです。

あとは「未来の自分に対する愛情」というのもあると思います。

片付けは面倒くさい。本当はやりたくない。今日は疲れたから、明日でいいか……。こうして後回しにはしても放棄はしないのは、片付いた部屋で未来の自分を快適に過ごさせてあげたいから、でしょう。

このように、**やりたくないことを、あえてやろうとしている自分は、めちゃくちゃ愛情深い。まず、そのことを自覚してください。「やりたくないのに、周りの人や自分に対する愛ゆえに、やろうとしてるんだなあ」と。**

こうしてマインドを前向きに整えると、ちょっと「よし、やるか」と思えるはずでしょう。ほんの1ミリ程度のやる気で十分です。その1ミリのやる気で、ちょっとだけやってみる。片付けだったら、まず散らかっている洋服を1枚だけ畳む。

ここで作業興奮が生じて一気に片付いたら言うことなしですが、そんなうまくいくことばかりではないでしょう。

ぜんぶやりきらなくてもぜんぜんオッケーです。

バッターボックスに立っただけで100点満点。ファーストステップのハードルは限りなく低く。1ミリのやる気で踏み出した小さな1歩。これだけでも立派な成功体験ですから、「一歩前進！　よくやった」と自分を褒めてあげてください。

運をつかむには自分で自分の機嫌をとるのが一番ですから、それでいいのです。

おわりに

「非常識」って何でしょう？

戦時中、おいしいものを食べることは、非常識を通り越して「非国民」だとまで言われました。

しかし、テレビや雑誌で、グルメ特集が日常的に組まれる現代では、「おいしいものを食べたい」と思うのはむしろ常識ですよね。

かつて非常識と言われていたことが、時代の流れとともに常識へと変わります。

では、「自分を幸せにしたい」はどうでしょうか？

僕は小学生から高校生になるまで、毎日満員電車で通学していました。「こんな大変な思いをするなんて一体なんなんだ？」と憤りを感じたこともありますが、周囲の大人たちは誰も疑問に思っていないようでした。そのうち、僕も「そんなものか」と受け入れるようになっていきました。

「このくらい我慢しなきゃ」

満員電車に限らず、人生のあらゆる局面でこれを積み重ねることが大人になることだと思い込んでいたんです。

でも、どこかでその気持ちが爆発しました。

その後、バックパッカーとして世界を放浪し、幸せそうな人々と時間を共有する中で、「このくらい我慢しなきゃ」という感覚が少しずつ消えていきました。それよりも「自分の気持ちを優先すること」の大切さを学んだのです。いつしかそれが僕にとっての常識となっていきました。

でも、帰国して大変な思いをすると、その学んだ常識も薄れてしまい、「我慢しなきゃ」が戻ってきました。「あれ、おかしいな。もう一度幸せそうな人と時間を過ごさないと！」と思い、今度は国内で心の旅に出ました。

すると、国内でも幸せそうな人たちは、ちゃんと「自分ファースト」の大切さを理解して、自然にそれを実践していることがわかったのです。これこそが「常識」と呼べるものだと感じました。

そこから、鏡に映る自分の顔が笑顔であることが増えてきました。周囲にも笑顔の人が多くなり、「この人イヤだな」と思う人はほとんどいなくなり、「この人いいな」と思う人たちに囲まれるようになってきました。

つまり、運がめぐりはじめたのです。

自分が信じる常識が変わると、自然に周囲も変わっていくものです。
もちろん、時には大変なこともあります。
それでも、大変なときこそ、自分や周りに優しく寄り添うことが常識であってほしい。
僕もまだできないことが多々ありますが、自分を責めず、「前よりできるようになってきたな」と優しくコミュニケーションを取りつづけたいと思っています。

「大人の世界って大変なんだな、大人になりたくないな」が、次の世代でも常識になってほしくありません。

本書を読んでくださったあなたが、自分に優しくすることを「常識」にしていただけたら、著者としてこんなにうれしいことはありません。そして、その優しさがあなたから周囲へ、次の世代へと広がっていくことを心から願っています。

本書のタイトルが、『常識的な運のつかみ方』と変わる日がきますように。

本田　晃一

非常識《ひじょうしき》な運《うん》のつかみ方《かた》

著　者――本田晃一（ほんだ・こういち）

発行者――押鐘太陽

発行所――株式会社三笠書房

〒102-0072 東京都千代田区飯田橋3-3-1
https://www.mikasashobo.co.jp

印　刷――誠宏印刷

製　本――若林製本工場

ISBN978-4-8379-4020-3 C0030

本書へのご意見やご感想、お問い合わせは、QRコード、
または下記URLより弊社公式ウェブサイトまでお寄せください。
https://www.mikasashobo.co.jp/c/inquiry/index.html